だいわ文庫

# 入門 こんなに面白かった三国志

## 正史と演義、史実の英雄たち

渡邉義浩



大和書房

# はじめに

本書は、「三国志」の英雄たちの生き方を漢字一文字で表現しながら、まとめたものです。こうした試みは、本書が初めてではなく、『三国志演義《さんごくしえんぎ》』の完成版である毛《もう》宗崗《そうこう》本は、物語の三人の主役を「姦絶《かんぜつ》（絶は極み）」の曹操《そうそう》、「義絶《ぎぜつ》」の関羽《かんう》、「智絶《ちぜつ》」の諸葛亮《しょかつりょう》にまとめて描いています。本書は、毛宗崗本の「三絶」に、七つの項目を付け加えることによって、十文字の漢字で三国志の英雄たちの生きざまを描きました。

もちろん、歴史の事実を知るためには、西晉《せいしん》（二六五～三一六年）の陳寿《ちんじゅ》が著した『三国志《さんごくし》』という歴史書に依らなければなりません。『三国志』は、唐《とう》（六一八～九〇七年）になると、国家の正統を示した歴史書として、「正史」に認定されます。本書でも、『三国志』を正史と呼ぶことにします。これが、事実の基本となります。

一方、毛宗崗本に完成する『三国志演義』は、元末明初《げんみん》（一四世紀）の人といわれる羅貫中《らかんちゅう》によってまとめられました。しかし、羅貫中の原作がいまに伝わるわけではなく、多くの改変を経て、清《しん》（一六四四～一九一二年）のはじめに毛綸《もうりん》・毛宗崗父子がまとめた毛宗崗本が、現在の中国で読まれている『三国志演義』の決定版となっています。

ただし、日本の「三国志」の物語は、江戸時代の湖南文山《こなんぶんざん》が、『通俗三国志《つうぞくさんごくし》』を描いた際に、毛宗崗本の種本となった李卓吾《りたくご》本から翻訳したため、少し毛宗崗本と異なる部分があります。毛宗崗本は、「三絶」と呼ぶ三人の主役を引き立て、また物語の矛盾をなくすように努めたため、多くの箇所で李卓吾本を書き換えているためです。

本書は、毛宗崗本の完成度の高さを評価して、『三国志演義』は毛宗崗本に依拠し、これを演義と呼んでいます。正史を中心としながらも、演義に触れるのは、演義が、三国志の英雄たちが、かくあるべしという生き方を描いているからです。

演義については、毛宗崗本研究の第一人者である仙石知子さんの研究に依拠しました。記して謝する次第です。

二〇一九年一一月

渡邉　義浩

入門 こんなに面白かった三国志

# 目次

## 第3章 曹操

――「姦」であるが「雄」と評された英雄



## 第4章 袁紹

――「寛」によって身を滅ぼした袁家の御曹司

## 第5章 関羽

――「義」に篤い生きざまを貫いた気高き将



## 第6章 張飛、趙雲、張遼、甘寧

――「勇」に溢れる漢たち

## 第9章 諸葛亮
――君臣関係を「忠」で貫いた軍師



## 第10章 陳羣と司馬懿
――国制を「礼」により定めた名士

# 三国志の歴史

| 西暦 | 年号 | 後漢／群雄 | 劉備 | 曹操 | 孫氏 |
|---|---|---|---|---|---|
| 8年 | 居摂三年 | 王莽、前漢を滅ぼし、新を建国 | | | |
| 25年 | 建武元年 | 光武帝、後漢を建国 | | | |
| １６６年 | 延熹九年 | 第一次党錮の禁 | | | |
| １６７年 | 延熹十年 | 桓帝崩御 | | | |
| １６７年 | 建寧元年 | 霊帝即位 | | | |
| １６９年 | 建寧二年 | 第二次党錮の禁 | | | |
| １８４年 | 光和七年 | 太平道の張角、黄巾の乱を起こす | 関羽・張飛ともに義兵を起こす | 騎都尉として黄巾を討伐 | 孫堅、朱儁の配下として黄巾を討伐 |
| １８５年 | 中平二年 | 張温、北宮伯玉の乱を平定 | | | |
| １８６年 | 中平三年 | 辺章・韓遂、涼州で反乱し、張温に討伐される | | | |
| １８７年 | 中平四年 | 馬騰、韓遂の乱に加わり、三輔に侵攻 | | | 孫堅、長沙で區星の乱を平定 |

| | | | | | |
|---|---|---|---|---|---|
| 188年 | 中平五年 | 賈龍、益州で馬相の乱を平定<br>刺史を牧と改称 | | 新設の西園八校尉の典軍校尉となる | |
| 189年 | 中平六年 | 霊帝崩御 | | | |
| 189年 | 光熹元年 | 少帝（劉弁）即位、何太后臨朝<br>何進が宦官に殺され、袁紹が宦官を掃討 | | | |
| 189年 | 永漢元年 | 董卓、少帝を廃し、献帝（劉協）擁立 | | | |
| 190年 | 初平元年 | 袁紹を盟主に反董卓連合結成<br>董卓、長安へ遷都、洛陽に放火 | 反董卓連合に公孫瓚の客将として参加 | 反董卓連合で行奮武将軍となる<br>滎陽の戦いで董卓の部下徐栄に大敗 | |
| 191年 | 初平二年 | 袁紹、韓馥より冀州の実権奪う | | 荀彧、袁紹のもとを去り曹操に仕える | 孫堅、洛陽に一番乗り |
| 192年 | 初平三年 | 袁紹、界橋の戦いで公孫瓚を破る<br>王允・呂布、董卓を殺害<br>李傕・郭汜ら、王允・呂布を破る | | 兗州で黄巾を平定、青州兵に組織 | 孫堅、劉表の部下黄祖と戦い死去 |

| | | | | | |
|---|---|---|---|---|---|
| 193年 | 初平四年 | 下邳の闕宣、天子を僭称 | | 匡亭の戦いで袁術を大破<br>陶謙を徐州に討ち、民を虐殺 | |
| 194年 | 興平元年 | | | 第二次徐州遠征中、陳宮・張邈が呂布を引き入れて兗州で反乱 | |
| 195年 | 興平二年 | 長安で李傕と郭汜が争う<br>献帝、長安を脱出 | 陶謙から徐州を譲り受ける | 定陶の戦いで呂布を大破 | |
| 196年 | 建安元年 | 献帝、洛陽到着、許に遷都 | 呂布に徐州を奪われる | 献帝を許に迎える<br>屯田制を許で開始 | |
| 197年 | 建安二年 | 袁術、皇帝を僭称 | | | 孫策、皇帝を僭称した袁術と絶縁 |
| 198年 | 建安三年 | 呂布、下邳で曹操に敗れる | | 下邳の戦いで、呂布を斬る | |
| 199年 | 建安四年 | 袁紹、公孫瓚を滅ぼす | 車冑を殺し、徐州で独立 | | 孫策、黄祖と劉表の軍を撃破 |
| 200年 | 建安五年 | 董承らの曹操暗殺計画発覚<br>袁紹、官渡の戦いに敗れる | 曹操に徐州で敗れ、袁紹のもとへ<br>関羽、二夫人を守り曹操のもとへ<br>関羽、曹操のもとを辞す | 官渡の戦いで袁紹を破る | 孫策、江東統一<br>孫策、暗殺され、孫権が後を嗣ぐ |

| | | | | | |
|---|---|---|---|---|---|
| 201年 | 建安六年 | 袁紹、倉亭の戦いに敗れる | 荊州牧の劉表の客将となる | | |
| 202年 | 建安七年 | 袁紹死去 | | | |
| 204年 | 建安九年 | | | 鄴城攻略 | |
| 205年 | 建安十年 | 黒山賊の張燕、曹操に降服 | | 袁譚討伐 | |
| 206年 | 建安十一年 | | | 高幹討伐 | |
| 207年 | 建安十二年 | | 三顧の礼で諸葛亮を招聘 | 烏桓遠征 | |
| 208年 | 建安十三年 | 荊州牧の劉表、薨去し次子の劉琮が嗣ぐ | 新野で曹操に敗れるが、長坂坡の戦いで張飛が曹操軍を食い止める<br>趙雲、阿斗（劉禅）を救う<br>諸葛亮、使者となり呉と同盟<br>赤壁の戦いの後、荊州南部を支配 | 三公を廃し、丞相を設けて就任<br>孔融を処刑<br>劉琮を降服させる<br>赤壁の戦いに大敗 | 魯粛、劉備と会見し同盟を模索<br>孫権、開戦を決意し、周瑜を大都督に任命<br>周瑜、赤壁の戦いで曹操を破る |
| 209年 | 建安十四年 | 伏完、曹操に誅殺される | 呉の孫夫人（孫権の妹）を娶る | | |
| 210年 | 建安十五年 | | | 銅雀台造営 | 周瑜が病死、魯粛が大都督を嗣ぐ |

| | | | | | |
|---|---|---|---|---|---|
| 211年 | 建安十六年 | | 劉璋に招かれて入蜀 | 関中遠征 | |
| 212年 | 建安十七年 | 馬騰、曹操に誅殺される | | 荀彧、憂死 | |
| 213年 | 建安十八年 | | | 濡須口の戦いで孫権に敗退<br>魏公の位に就く | 孫権、濡須口の戦いで曹操を撃退 |
| 214年 | 建安十九年 | 馬超、張魯を頼り、のち劉備に帰順<br>伏皇后、廃位され賜死 | 劉璋を降して益州を得る | 宋建を討伐 | 荊州の領有をめぐり、劉備と対立 |
| 215年 | 建安二十年 | 曹操の娘、皇后に立てられる | 荊州南部を分割し、孫権と和解 | 娘を皇后にする<br>漢中の張魯を平定 | 孫権、合肥で張遼らに大敗 |
| 216年 | 建安二十一年 | | | 魏王に即位<br>匈奴の呼廚泉が来朝 | |
| 217年 | 建安二十二年 | | 漢中に兵を進める | 疫病蔓延、建安の七子の多く逝く | |
| 218年 | 建安二十三年 | 吉本、暗殺を計り曹操に誅殺される | | | |
| 219年 | 建安二十四年 | 魏諷の乱を曹丕が平定 | 漢中を曹操から奪い、漢中王に即位<br>関羽、曹操と孫権に挟撃され死去 | 劉備に敗れ、漢中から撤退<br>樊城を守る曹仁の援助に徐晃を派遣、関羽を撃破 | 呂蒙を指揮官として荊州南郡を攻略<br>曹操と同盟を結び、関羽を斬る |
| 220年 | 建安二十五年 | 後漢滅亡 | 孟達、曹丕に降服 | 曹操薨去 | |

| 西暦 | 蜀漢 | | 曹魏 | | 孫呉 | |
|---|---|---|---|---|---|---|
| 220年 | | | 黄初元年 | 曹丕（文帝）、献帝より禅譲を受け、帝位に就く（漢魏革命）<br>陳羣の献策で、九品中正制度制定 | 建安二十五年 | |
| 221年 | 章武元年 | 劉備（昭烈帝）、帝位に就く<br>関羽の報復のため呉に進撃<br>張飛、部下の裏切りで殺される | 黄初二年 | 文帝、孫権を呉王に封建 | 建安二十六年 | 曹魏に臣従し、呉王に封建される |
| 222年 | 章武二年 | 劉備、夷陵の戦いで大敗を喫す | 黄初三年 | | 黄武元年 | 陸遜が夷陵の戦いで蜀漢を破る<br>曹魏から自立、元号を建てる |
| 223年 | 建興元年 | 劉備、白帝城で崩御し、劉禅が即位 | 黄初四年 | 曹仁、曹彰が病死 | 黄武二年 | 朱桓が濡須口の戦いで曹魏を破る |
| 224年 | 建興二年 | 鄧芝を派遣して、孫呉と再び同盟 | 黄初五年 | | 黄武三年 | |
| 225年 | 建興三年 | 諸葛亮、南征 | 黄初六年 | | 黄武四年 | |
| 226年 | 建興四年 | | 黄初七年 | 曹丕が崩御、曹叡（明帝）が即位 | 黄武五年 | |

| | | | | | | |
|---|---|---|---|---|---|---|
| 227年 | 建興五年 | 諸葛亮、「出師の表」を奉り、北伐を開始(第一次北伐) | 太和元年 | | 黄武六年 | |
| 228年 | 建興六年 | 馬謖、街亭の戦いで大敗<br>諸葛亮が「後出師の表」を奉り、第二次北伐を開始し、陳倉を包囲 | 太和二年 | 司馬懿、孟達の反乱を平定<br>石亭の戦いに敗れる | 黄武七年 | 石亭の戦いで、周魴が魏を破る |
| 229年 | 建興七年 | 第三次北伐で、武都・陰平を獲得 | 太和三年 | | 黄龍元年 | 孫権(大帝)、帝位に就く |
| 230年 | 建興八年 | | 太和四年 | 蜀漢に侵攻、大雨で撤退 | 黄龍二年 | 夷州・亶州を探索 |
| 231年 | 建興九年 | 第四次北伐の上邽の戦いで司馬懿を破る | 太和五年 | | 黄龍三年 | |
| 232年 | 建興十年 | | 太和六年 | 陳思王の曹植、薨去 | 黄龍四年 | |
| 233年 | 建興十一年 | | 青龍元年 | 満寵、呉の攻撃を合肥新城で撃退 | 黄龍五年 | 合肥新城を攻めるが、敗退 |
| 234年 | 建興十二年 | 第五次北伐、五丈原で諸葛亮、陣没<br>楊儀、魏延の乱を鎮圧 | 青龍二年 | 山陽公の劉協(もとの献帝)、薨去 | 黄龍六年 | |
| 235年 | 建興十三 | 楊儀、政治に不満を述べ、失脚<br>蔣琬、大将軍・録尚書事となる | 青龍三 | 司馬懿、太尉となる<br>幽州刺史の王雄、鮮卑の軻比能を暗殺 | 嘉禾四 | |

| | | | | | | |
|---|---|---|---|---|---|---|
| 237年 | 建興十五 | | 景初元 | 毌丘倹、遼東の公孫淵を討つも敗退<br>鄭玄説に基づき南郊で天を祀る | 嘉禾六 | |
| 238年 | 延熙元 | | 景初二 | 司馬懿、公孫淵を滅ぼす | 赤烏元 | 孫権の寵愛を受け専権を振るっていた呂壱が誅殺される |
| 239年 | 延熙二 | 蒋琬、大司馬となる | 景初三 | 明帝崩御、曹芳（少帝）即位<br>卑弥呼、親魏倭王に封ぜられる<br>曹爽が何晏らと共に、権力を振るう | 赤烏二 | 廖式が反乱を起こし、呂岱が討伐する |
| 240年 | 延熙三 | 越巂太守の張嶷、南中の反乱を平定 | 正始元 | | 赤烏三 | |
| 241年 | 延熙四 | 蒋琬、漢水沿いに魏興・上庸の攻略を目指す | 正始二 | 司馬懿、樊城を救援して孫呉を撃破 | 赤烏四 | 孫権、四路より曹魏に侵攻<br>太子孫登、死去 |
| 242年 | 延熙五 | | 正始三 | | 赤烏五 | 孫和を太子に立てる<br>聶友・陸凱、儋耳・朱崖を討伐 |
| 243年 | 延熙六 | 費禕、大将軍・録尚書事となる | 正始四 | 卑弥呼の使者、再び来貢する | 赤烏六 | |

| | | | | | | |
|---|---|---|---|---|---|---|
| 244年 | 延熙七 | 費禕、曹魏軍を撃破 | 正始五 | 曹爽、漢中に攻め込み大敗 | 赤烏七 | 陸遜、丞相になる |
| 246年 | 延熙九 | 姜維、衛将軍となり、国政に参与 | 正始七 | 毌丘倹、高句麗王の位宮を討ち、首都丸都を陥落させる | 赤烏九 | 歩騭、丞相になる |
| 249年 | 延熙十二 | 夏侯覇、来降する | 正始十 | 司馬懿、曹爽とその一派を誅殺して政権を奪取（正始の政変） | 赤烏十二 | |
| 250年 | 延熙十三 | | 嘉平二 | 孫呉の混乱に乗じて、三路より兵を進める | 赤烏十三 | 孫権、太子孫和を廃して庶人とし、魯王孫覇を自害させる（二宮事件） |
| 251年 | 延熙十四 | | 嘉平三 | 王淩が謀反したとされ、司馬懿に自殺させられる | 太元元 | 孫権、諸葛恪に太子孫亮の後見を委嘱 |
| 252年 | 延熙十五 | | 嘉平四 | 司馬師、大将軍となる | 神鳳元<br>建興元 | 孫権崩御<br>孫亮（会稽王）即位 |
| 253年 | 延熙十六 | 費禕、暗殺される | 嘉平五 | | 建興二 | 孫峻、諸葛恪を誅殺 |
| 254年 | 延熙十七 | | 嘉平六<br>正元元 | 司馬師、皇帝曹芳を廃し、斉王とする<br>司馬師、曹髦（高貴郷公）を帝位に就ける | 五鳳元 | |

| | | | | | | |
|---|---|---|---|---|---|---|
| 255年 | 延熙十八 | 姜維、狄道に侵攻し、曹魏の陳泰に防がれる | 正元二 | 司馬師、毌丘倹・文欽の挙兵を討伐<br>司馬昭、大将軍・録尚書事となる | 五鳳二 | 孫峻、寿春に侵攻し、諸葛誕に敗れる |
| 256年 | 延熙十九 | 姜維、祁山に侵攻し、曹魏の鄧艾に防がれる<br>姜維、大将軍となる | 甘露元 | | 太平元 | 孫綝、大将軍となる |
| 257年 | 延熙二十 | 姜維、秦川に侵攻し、曹魏の司馬望・鄧艾に防がれる | 甘露二 | 諸葛誕、司馬昭に対して兵を挙げる | 太平二 | 孫綝、諸葛誕救援に寿春に向かうが兵を退く |
| 258年 | 景耀元 | | 甘露三 | 司馬昭、諸葛誕を滅ぼす<br>司馬昭、相国となり、晋国に封建される | 太平三<br>永安元 | 孫綝、孫亮を廃し、会稽王とする<br>孫綝、孫休を即位させる<br>孫休、丁奉・張布と計り、孫綝を誅殺 |
| 260年 | 景耀三 | | 甘露五 | 曹髦、司馬昭に対して挙兵し、弑殺される<br>司馬昭、曹奐（元帝）を即位させる | 永安三 | |
| 263年 | 炎興元 | 劉禅、曹魏に降伏し、蜀漢滅亡。 | 景元四 | 司馬昭、鄧艾・鍾会に蜀漢を滅ぼさせる | | |

| | | | | |
|---|---|---|---|---|
| 264年 | 景元五 | 衛瓘、成都に入り鄧艾を捕縛<br>鍾会、姜維と結び背くが、衛瓘に平定される | 永安七 | 孫休（明帝）崩御<br>孫皓即位 |
| 265年 | 咸熙二 | 司馬昭、薨去<br>司馬炎、相国・晉王となる<br>司馬炎、魏帝曹奐に迫って禅譲を行わせ、曹魏を滅ぼす | 甘露元 | 孫皓、武昌に遷都 |
| | 西晉 | | | |
| 265年 | 泰始元 | 司馬炎（武帝）、即位。 | | |
| 266年 | 泰始二 | 倭人（壹与？）、朝貢する | 宝鼎元 | 孫皓、首都を建業に戻す |
| 271年 | 泰始七 | 晉の安楽公劉禅（蜀漢の後主）、薨去 | 建衡三 | |
| 272年 | 泰始八 | 益州刺史の王濬、呉を攻めるため大艦を建造 | 鳳皇元 | 陸抗、晉に降伏しようとした歩闡を誅殺 |
| 279年 | 咸寧五 | 賈充、杜預・王濬らと呉に侵攻 | 天紀三 | 張悌、丞相となる |
| 280年 | 咸寧六 | 呉帝孫皓、降伏し、三国統一される | | |

## 三国志の主要地図

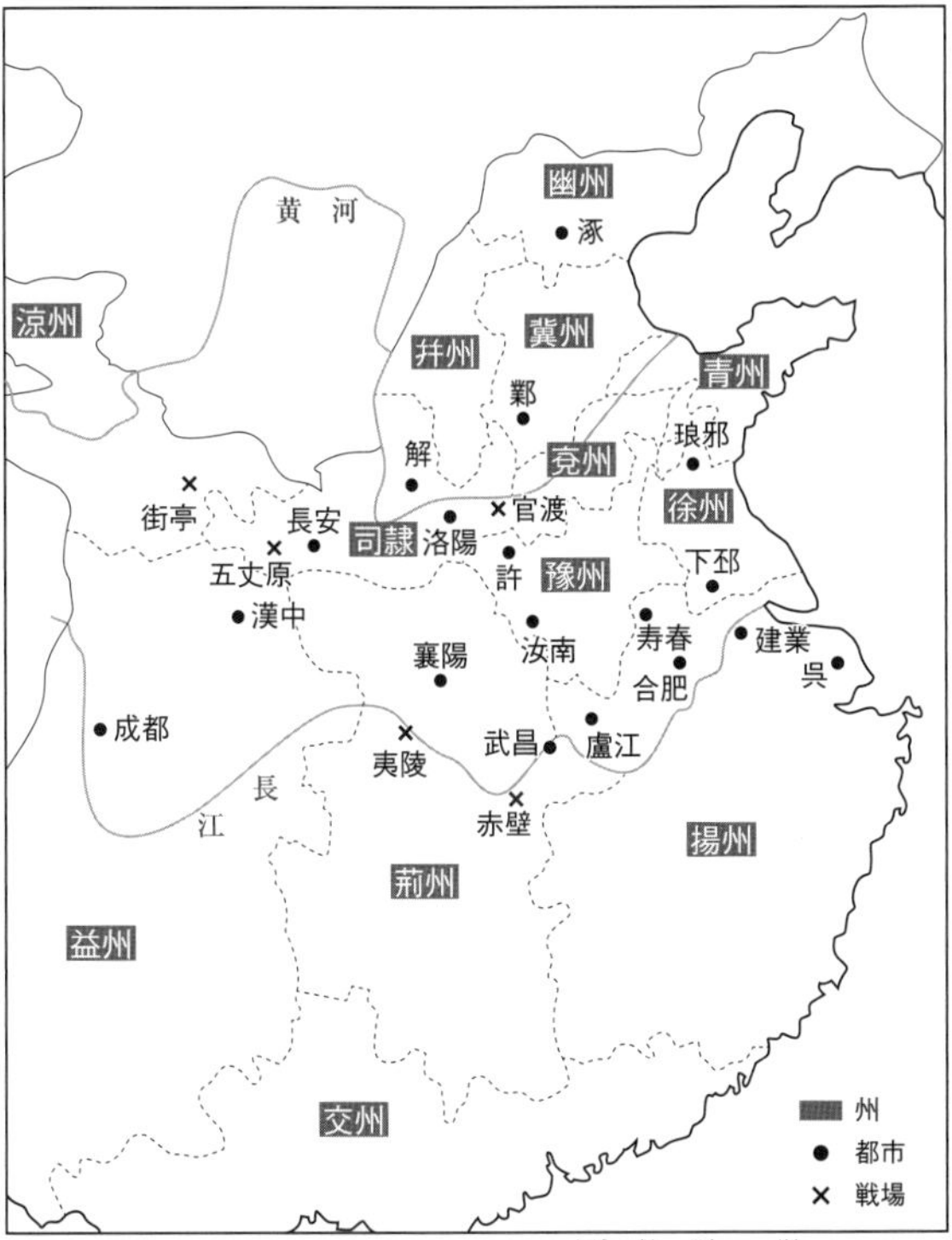


後漢時代の地方行政区分は上位の区分から、州《しゅう》→郡《ぐん》（国《こく》）→県《けん》の順で、当初は司隷《しれい》・豫州《よしゅう》・冀州《きしゅう》・兗州《えんしゅう》・徐州《じょしゅう》・青州《せいしゅう》・荊州《けいしゅう》・揚州《ようしゅう》・益州《えきしゅう》・涼州《りょうしゅう》・并《へい》州《しゅう》・幽州《ゆうしゅう》・交州《こうしゅう》の13州だった。194年、涼州のうち黄河以西の5郡をもって雍州《ようしゅう》を新設したことから、14州となる。

なお、司隷とは、洛陽《らくよう》を取り巻く一帯、すなわち首都圏にあたる。

## 前漢系図

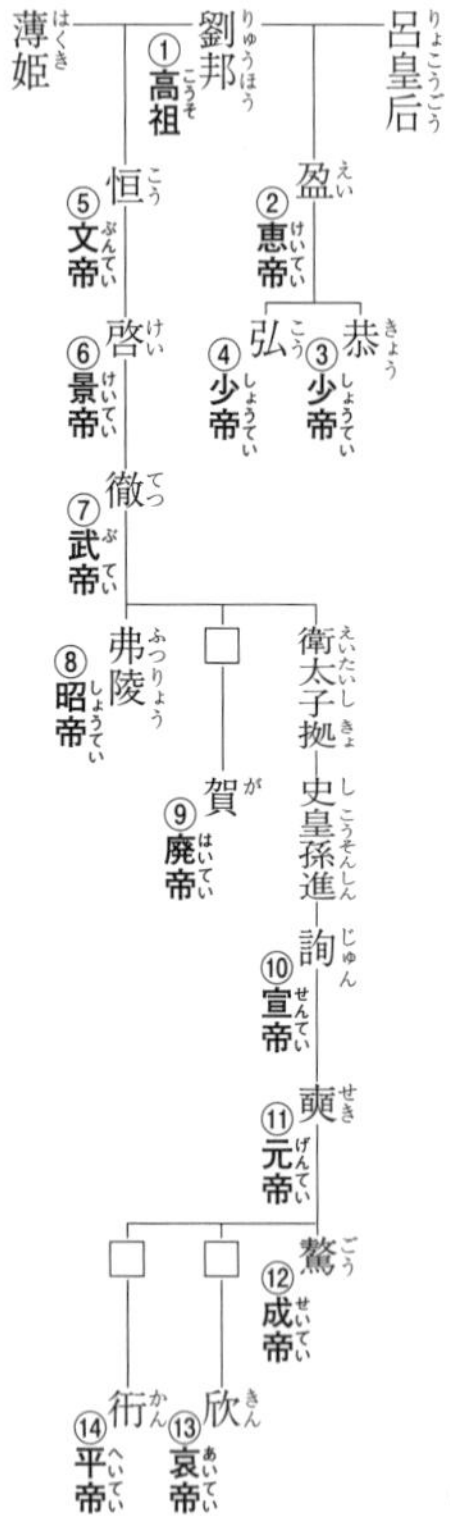
薄姫《はくき》
劉邦《りゅうほう》
①高祖《こうそ》
呂皇后《りょこうごう》
恒《こう》
⑤文帝《ぶんてい》
盈《えい》
②恵帝《けいてい》
啓《けい》
⑥景帝《けいてい》
弘《こう》
④少帝《しょうてい》
恭《きょう》
③少帝《しょうてい》
徹《てつ》
⑦武帝《ぶてい》
弗陵《ふつりょう》
⑧昭帝《しょうてい》
衛太子拠《えいたいしきょ》
賀《が》
⑨廃帝《はいてい》
史皇孫進《しこうそんしん》
詢《じゅん》
⑩宣帝《せんてい》
奭《せき》
⑪元帝《げんてい》
驁《ごう》
⑫成帝《せいてい》
衎《かん》
⑭平帝《へいてい》
欣《きん》
⑬哀帝《あいてい》

# 後漢系図

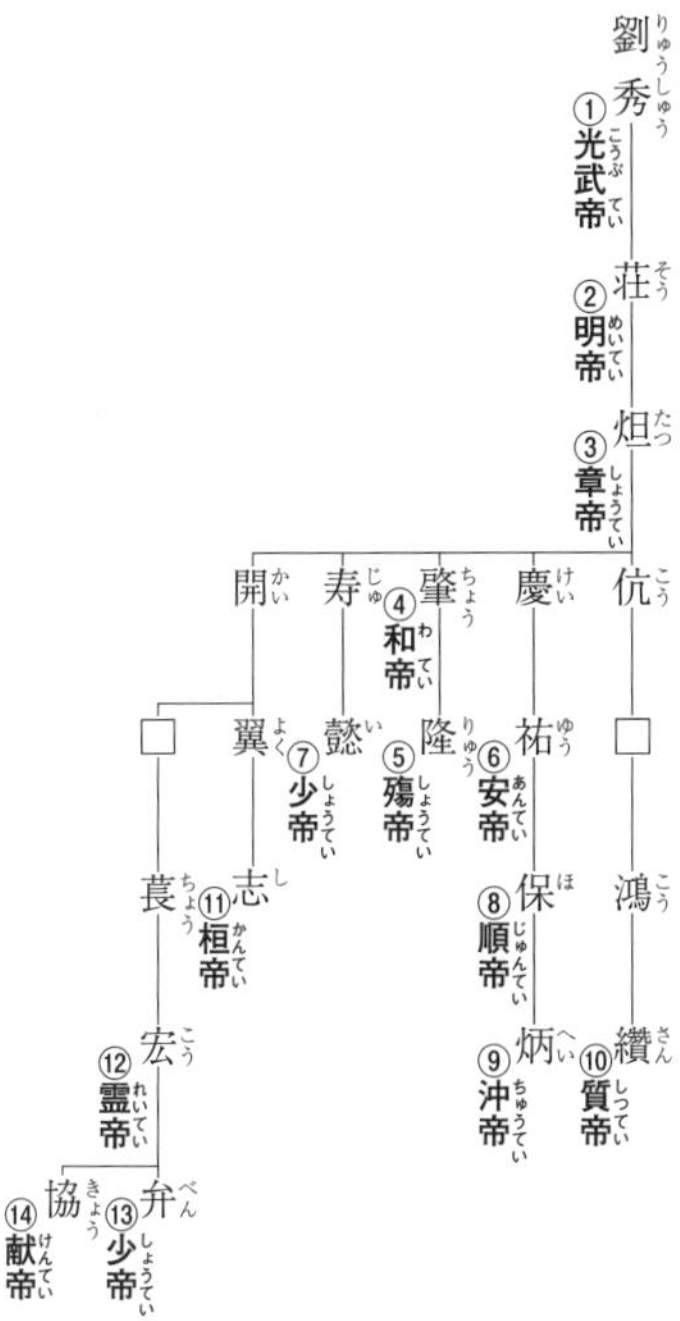

劉秀《りゅうしゅう》
①光武帝《こうぶてい》
荘《そう》
②明帝《めいてい》
炟《たつ》
③章帝《しょうてい》
伉《こう》
慶《けい》
肇《ちょう》
④和帝《わてい》
寿《じゅ》
開《かい》
□
祐《ゆう》
⑥安帝《あんてい》
隆《りゅう》
⑤殤帝《しょうてい》
懿《い》
⑦少帝《しょうてい》
翼《よく》
□
鴻《こう》
保《ほ》
⑧順帝《じゅんてい》
志《し》
⑪桓帝《かんてい》
萇《ちょう》
纉《さん》
⑩質帝《しつてい》
炳《へい》
⑨沖帝《ちゅうてい》
宏《こう》
⑫霊帝《れいてい》
弁《べん》
⑬少帝《しょうてい》
協《きょう》
⑭献帝《けんてい》

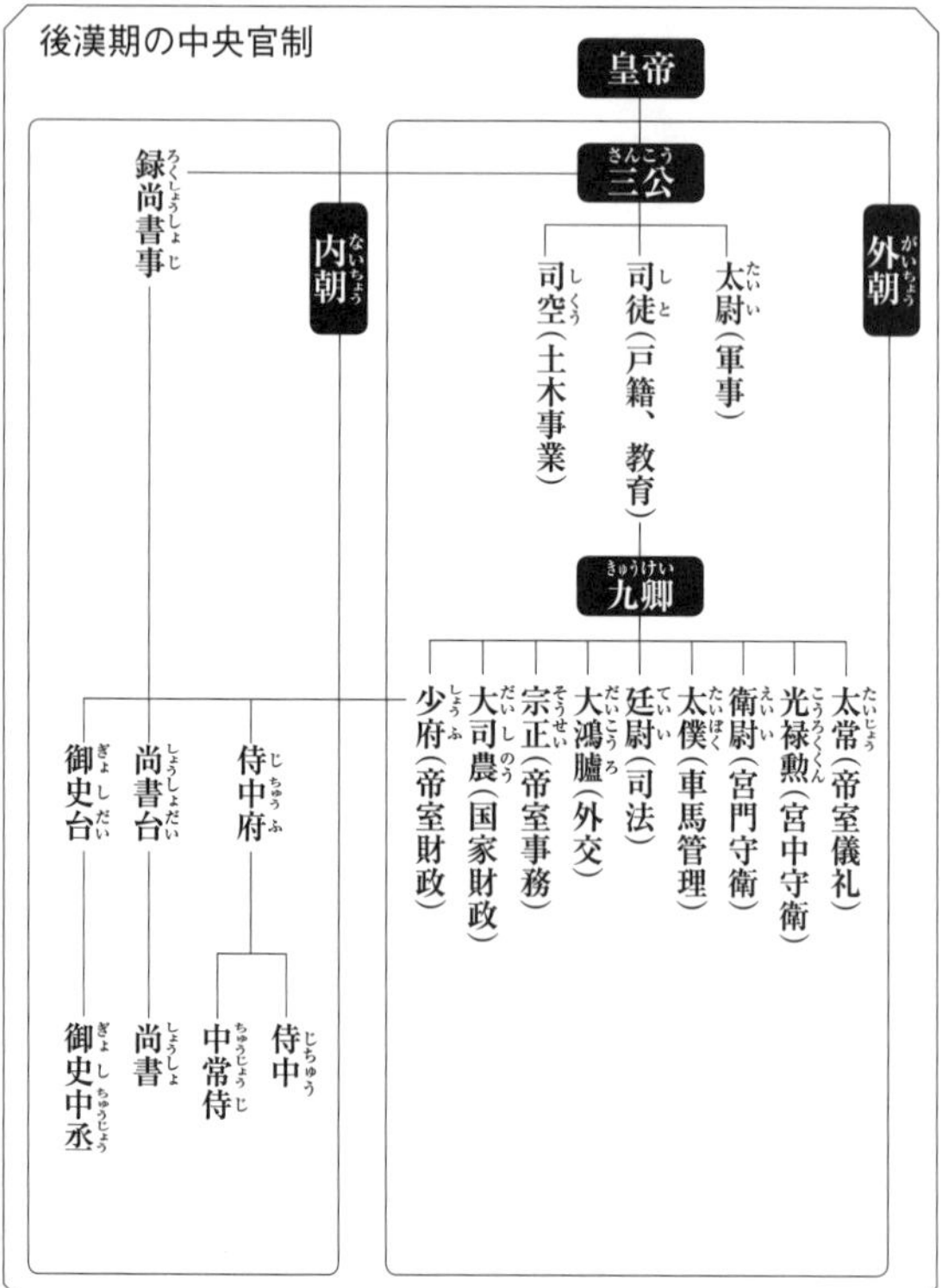


後漢の中央官制は、三公九卿制度が基本となる。三公・九卿は集議と呼ばれる会合で皇帝の諮問に答え、政策の大綱決定に携わった。しかし一方で皇帝は自分の意志をより直接的に政策に反映させようと、尚書などの秘書的な官僚を重視するようになる。これを内朝といい、後漢では大きな権力を有した。

なお三公の上位には大将軍や太傅《たいふ》（皇帝の教導役）が臨時に置かれ、とくに大将軍は尚書を掌握する録尚書事の権限を帯びることで、政権担当者となった。

## 後漢末期～三国期の軍制組織図

上位 ↕ 下位

|  |  |
| --- | --- |
| 皇帝 | |
| 大将軍 | 非常設の武官の最高位。実質中央政府の最高実力者が就任する。後漢では皇帝の外戚《がいせき》が就任することが多かった。 |
| 驃騎《ひょうき》将軍・車騎《しゃき》将軍・衛《えい》将軍 | 驃騎将軍は丞相《じょうしょう》の下、車騎将軍・衛将軍は三公《さんこう》の下に位置する。 |
| 四征《しせい》将軍（征東・征西・征南・征北） | 方面軍司令官として、受け持ち地域における全面的な権限を有する都督という役職を付されることも多かった。下位に四鎮、四安、四平将軍がある。 |
| 前《ぜん》将軍・後《こう》将軍・左《さ》将軍・右《ゆう》将軍 | それぞれ九卿《きゅうけい》の下に位置する高位の将軍。首都防衛と辺境警備を担当した。 |
| 雑号《ざつごう》将軍 | 討伐対象などの名を冠して、臨時で任じられた将軍職の総称。 |

これ以外にも四征将軍の上位に撫軍《ぶぐん》大将軍、鎮軍《ちんぐん》大将軍が設けられることもあり、また軍制は各国ごとにも微妙に異なり、複雑である。

なお将軍は、それぞれ自分の府（幕府）を開くことができ、長史《ちょうし》（諸事務を司る）や司馬（兵事を司る）などの属官を置いた。たとえば曹操に仕えた当初の荀彧は、当時奮武《ふんぶ》将軍であった曹操の司馬（奮武将軍司馬）である。同じく張昭は討逆《とうぎゃく》将軍孫策の長史（のち孫権の長史）であり、諸葛亮は署左《しょさ》将軍府事《ふじ》として、左将軍である劉備の府を総録した。

後漢・三国期の地方行政組織図

| | 行政区分 | 行政官 | 軍務官 |
|---|---|---|---|
| 上位 | 州《しゅう》 | 刺史《しし》・州牧《しゅうぼく》<br>（司隷校尉《しれいこうい》） | |
| | 郡《ぐん》（国《こく》） | 太守《たいしゅ》（相《しょう》） | 都尉《とい》 |
| 下位 | 県《けん》 | 県令《けんれい》・県長《けんちょう》 | 県尉《けんい》 |

州にははじめ、監察官の刺史（600石）がいるのみだったが、後漢末の戦乱に対処するため州の全権を握る州牧（2000石）が置かれた。また首都圏は特別行政区として司隷校尉が統治した。

また郡のうち諸侯王の封地である国《こく》には太守が置かれず、代わりに王の宰相である相《しょう》が実質的に太守とほぼ同じ権限を有した。

# 序章　三国志とは何か

## 後漢の終焉

いまから一八〇〇年前の中国を舞台に、**曹操**《そうそう》が基礎を築いた魏《ぎ》（二二〇〜二六五年）、**劉備**《りゅうび》が建国した蜀漢《しょくかん》（二二一〜二六三年）、**孫権**《そんけん》が建国した呉《ご》（二二九〜二八〇年）が、天下を三分して覇を競った三国志の世界は、多くの英雄たちが鎬《しのぎ》を削った時代でした。

三国志の世界は、後漢《ごかん》（二五〜二二〇年）の終焉《しゅうえん》から物語が始まります。前漢《ぜんかん》（前二〇二〜後八年）とあわせて約四〇〇年以上も中国を支配した後漢は、外《がい》戚《せき》と宦官《かんがん》の専横により衰退期を迎えていました。

外戚は、皇后の一族で、幼帝が続いた後漢では、皇帝に代わって政治を掌握することも多く見られました。宦官は、皇帝の後宮の警備にあたる去勢された男子のことですが、成人した皇帝の手足となって、外戚の打倒に活躍します。

そうして権力を掌握した宦官による政治の私物化に対して、儒教を学んでいた官僚たちは激しく抵抗します。これに対して宦官は、儒教的官僚を朝廷から締め出す党錮《とうこ》の禁《きん》（一六六・一六九年）を起こしますが、これによって後漢の政治は麻痺《まひ》したのです。

これに乗じて、太平道《たいへいどう》という宗教結社が力を伸していきます。創始者の張角《ちょうかく》は、お札《ふだ》と聖水を使って病気を治し、民の支持を得ました。やがてかれらは、赤をシンボルカラーとする火徳《かとく》（木・火・土・水・木の五行のうち、火にあたる）の後漢に代わり、黄天太乙《こうてんたいいつ》（宇宙神）の支配する天下を目指し、黄色の頭巾を巻いて反乱を起こします。これが**黄巾《こうきん》の乱**です。

乱そのものは、張角が病死したこともあり、すぐに鎮圧されました。しかし、これを機に、群雄が各地に並び立ったのです。

## 群雄割拠へ

群雄のなかで、最初に覇権を握ったものは、後漢の破壊者、**董卓《とうたく》**でした。

董卓は、先帝崩御で混乱する後漢の首都洛陽《らくよう》に最初に入り、皇帝を廃立して権力を誇示しました。董卓の率いる涼州《りょうしゅう》軍は精強だったのです。それでも、天下の軍をすべて敵に回せるほどの力はなく、**袁**《えん》**紹**《しょう》を盟主とする反董卓連合の蜂起《ほうき》により、董卓は守備に適さない洛陽を捨て、軍事拠点である長安《ちょうあん》へと遷都します。

その際、董卓は、洛陽郊外の皇帝の陵墓《りょうぼ》を掘り返し、徹底的な略奪を行いました。略奪は民にも及び、洛陽は灰燼《かいじん》に帰しました。董卓により、後漢の命脈は絶たれたのです。のちに**王允**《おういん》と**呂布**《りょふ》により董卓が殺害されると、民は遺棄された董卓の死体に火を灯《とも》して、その恨みを晴らしたといいます。

反董卓連合には、曹魏《そうぎ》の基礎をつくる曹操も、蜀漢の劉備も、孫呉《そんご》を開いた孫権の父である孫堅《そんけん》も含まれていました。しかし、盟主に選ばれた者は袁紹でした。袁紹は、四代にわたり後漢の最高官である三公《さんこう》を輩出し、「四世三公《しせいさんこう》」と称された名門「汝南《じょなん》の袁氏《えんし》」の出身だったのです。

洛陽を焼き払い、長安へ遷都する董卓

反董卓連合軍と領有地域

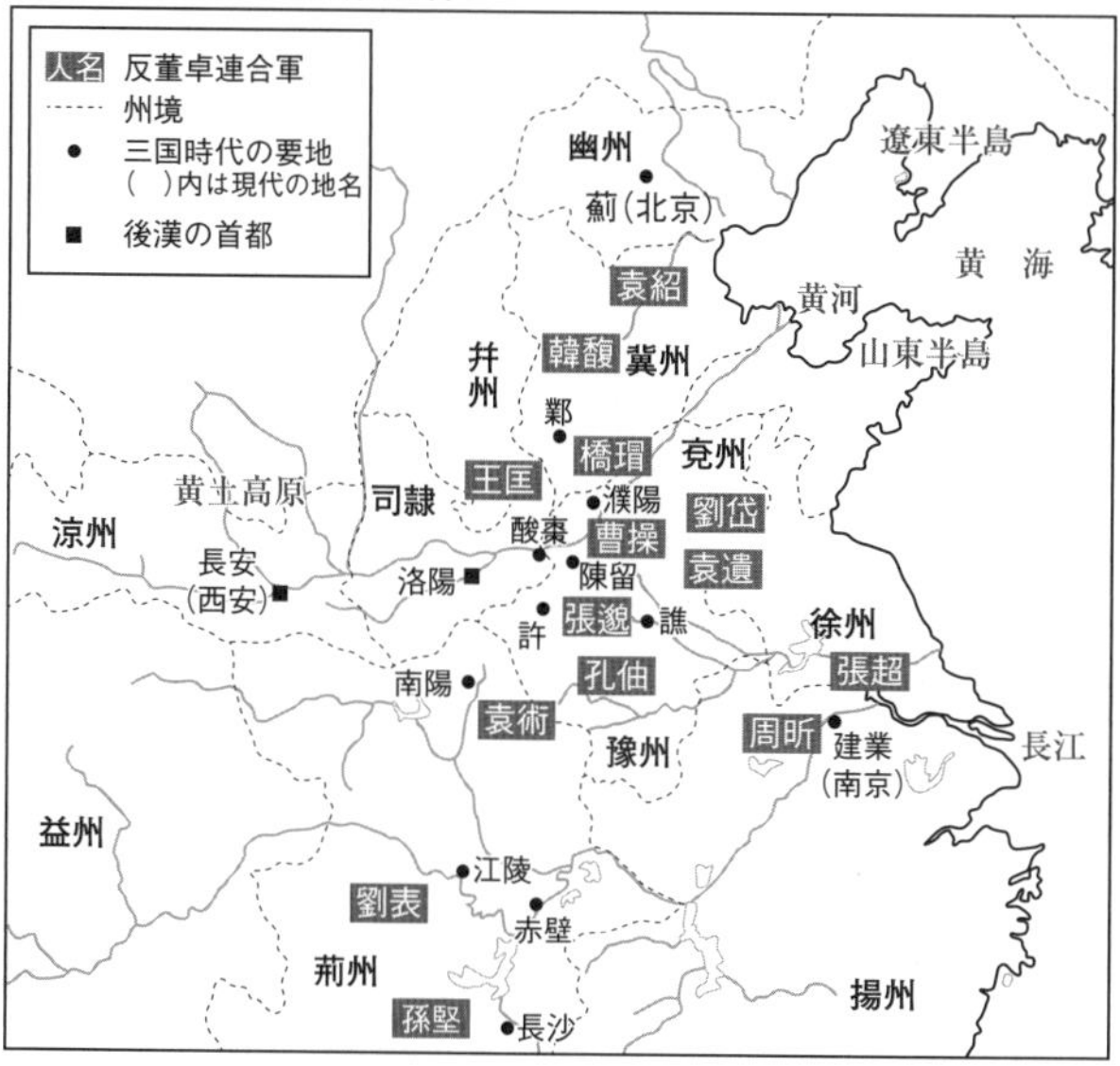

名門出身でありながら、袁紹はよく士にへりくだり、人の意見を聞いたので、かれに従う名士《めいし》は多く、袁紹は、冀州《きしゅう》・幽州《ゆうしゅう》・幷州《へいしゅう》・青州《せいしゅう》という河北《かほく》（黄河の北）四州を支配する最強の群雄に成長していきます。

三国時代は、名声を自身の基盤とする知識人である名士が、大きな影響力を持っていました。小説『三国志演義《さんごくしえんぎ》』の印象では、英雄・豪傑だけが活躍する時代と思われがちですが、実際に政権を維持・運用していくには、名士の協力が必要不可欠でした。

名士とは、知識人の間で名声を得て、それをもとに地域の支配を行う人々を指します。名士の前身である豪族《ごうぞく》、すなわち従来の士大夫《したいふ》たちの支配力は出身地域に留まりますが、名声を有する諸葛亮《しょかつりょう》が故郷から遠く離れた荊州《けいしゅう》の地域社会で歓迎されたように、名士は出身地以外でも活躍の場を見出せたりもするのです。

袁紹は、自らも名士でした。このため、多くの名士を幕下に収めて安定した政権を維持できました。荊州《けいしゅう》を支配した劉表《りゅうひょう》、公孫瓚《こうそんさん》（劉備の兄弟子《あにでし》）の前に幽州を支配していた劉虞《りゅうぐ》といった後漢の宗室である劉氏一族も、袁紹の異母弟にあたる袁術《えんじゅつ》（妾《めかけ》の子である袁紹を見下していた。のち仲《ちゅう》を建国して敗死）もまた、名士を優遇する政治方針を取っていました。

群雄割拠と後漢時代の州

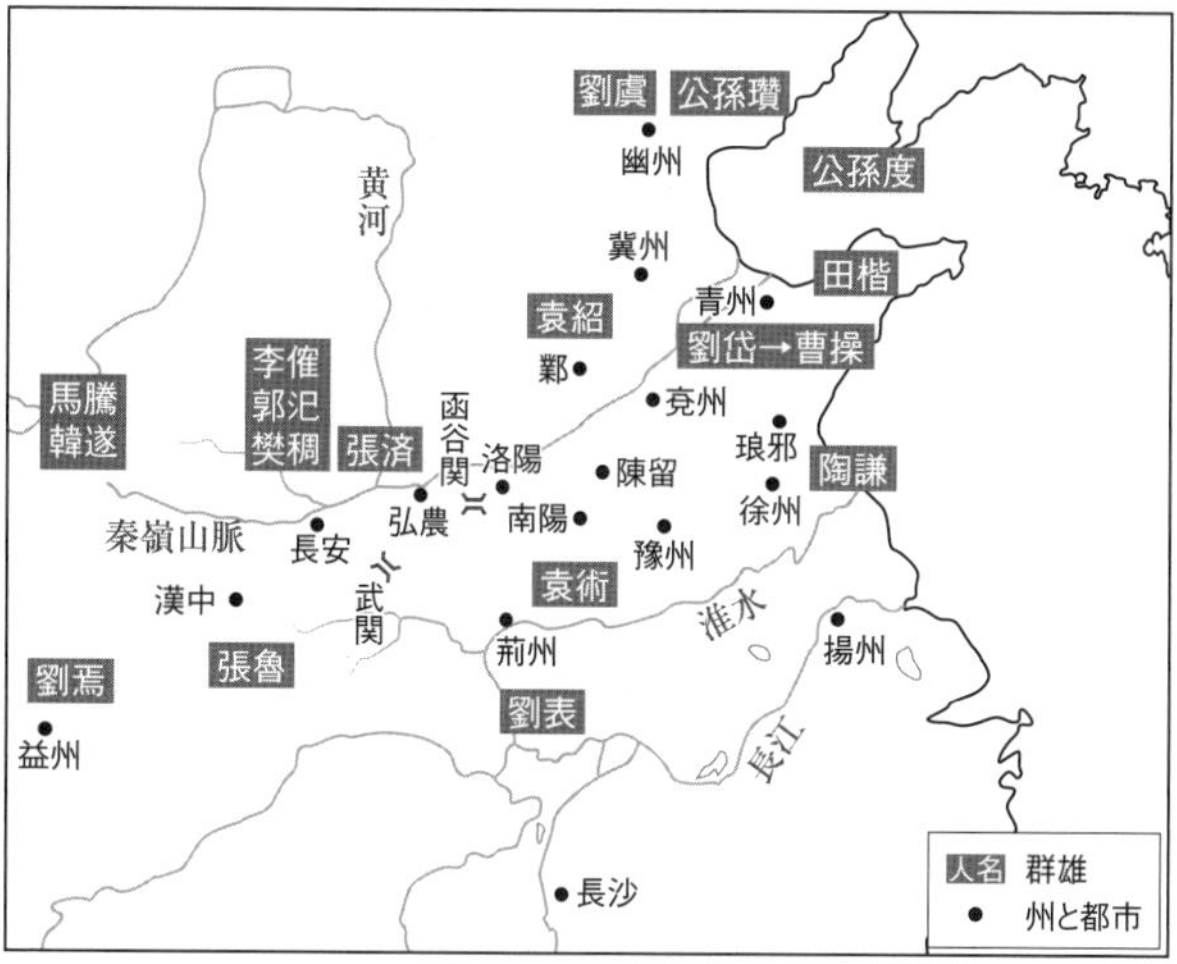

一方で、母の身分が低かった公孫瓚は、名士を抑圧し、商人と義兄弟のちぎりを交わして、その財力により白馬義従《はくばぎじゅう》（白馬の騎兵隊）を組織しました。徐州《じょしゅう》を支配した陶謙《とうけん》もまた、商人の麋竺《びじく》（のちに妹を劉備に嫁がせ、劉備を財政的に支える）を自分の政権の支えとしていました。

袁紹たちのように、名士を優遇した政権は、地域支配は安定したものの、君主自身の決定力、すなわち君主権力が弱体でした。遂に公孫瓚たちのように、名士を抑圧する政権は、君主権力は強大化しましたが、名士の協力を得られないため地域支配が安定しませんでした。

三国政権を樹立していく、曹操・劉備・孫権は、いずれも名士の力を利用する一方で、その力を抑えることにより、君主権力の強さと地域支配の安定性を両立させようとしていきます。

## 官渡の戦いと赤壁の戦い

群雄たちの争いは、やがて袁紹と曹操という二強の対立に絞られていきます。

袁紹が河北の四州を支配していくあいだに、曹操は、河南《かなん》（黄河の南）で次第に勢力を拡大していきます。その結果、長安から逃れてきた後漢の献帝《けんてい》を擁立し、天子を差し挟んで天下に命令する地位を得ていったのです。

そして、曹操は、建安《けんあん》五（二〇〇）年、天下分け目の**官渡《かんと》の戦い**で袁紹を破り、建安十二（二〇七）年までに袁氏の勢力を駆逐して、河北の四州を支配下に収めることができました。

この間、漢の復興を旗印に、蓆《むしろ》売りから成り上がった劉備は、荊州で髀肉《ひにく》の嘆《たん》（自分の能力を発揮できずに嘆くこと）をかこっていましたが、「三顧《さんこ》の礼《れい》」により**諸葛亮**（字《あざな》は孔明、字とは呼び名のこと）を招き、「草廬対《そうろたい》（いわゆる天下三分の計）」を自己の行動方針に定めました。

また、江東《こうとう》（長江下流域）では、父・孫堅と兄・**孫策《そんさく》**の勢力を継承した孫権が、揚《よう》州《しゅう》随一の名士・**周瑜《しゅうゆ》**の補佐を受けながら、その支配を確立しつつありました。

建安十三（二〇八）年、華北《かほく》を統一した曹操が中国の統一を目指して、荊州に南下します。劉表の後を継いだばかりの次子・劉琮《りゅうそう》はこれに抗することができず、劉表を支えていた荊州名士の蔡瑁《さいぼう》とともに、曹操に降伏しました。

そうしたなか、荊州北部の新野県《しんや》に駐屯していた劉備は、曹操に敗れ逃れ、途中で子の阿斗《あと》（のちの**劉禅**《りゅうぜん》）を一時見失うなど窮地に立たされます。それでも、配下の**趙雲**《ちょううん》と**張飛**《ちょうひ》の活躍によって江夏郡《こうか》（荊州の北東部）に逃れ、劉表の長子・劉琦《りゅうき》と合流します。そして、諸葛亮を孫権のもとに派遣し、**魯粛**《ろしゅく》との協力により同盟を組むことに成功しました。その結果、孫権を支えていた周瑜が、曹操軍を**赤壁の戦い**《せきへき》で大破し、曹操の天下統一の野望を打ち砕いたのです。

## 三国鼎立

劉備は、赤壁の戦いを機に、荊州南部を領有することに成功します。さらに、益州《えきしゅう》牧《ぼく》の劉璋《りゅうしょう》が劉備に援助を請うと、荊州を**関羽**《かんう》に任せて入蜀《にゅうしょく》（蜀は益州や成都《せいと》盆地を含む地域）し、劉璋を攻めて降伏させ、益州の成都《せいと》を本拠地としたのです。

一方、曹操は、赤壁の敗戦の後、関中《かんちゅう》（長安周辺）へと勢力を伸ばして華北（淮水《わいすい》以北）全土を手中に収め、益州の喉元にあたる漢中《かんちゅう》を攻略します。

これに対して劉備は、漢中を攻めて曹操を撃破し、すでに魏王を称していた曹操に

劉備の入蜀

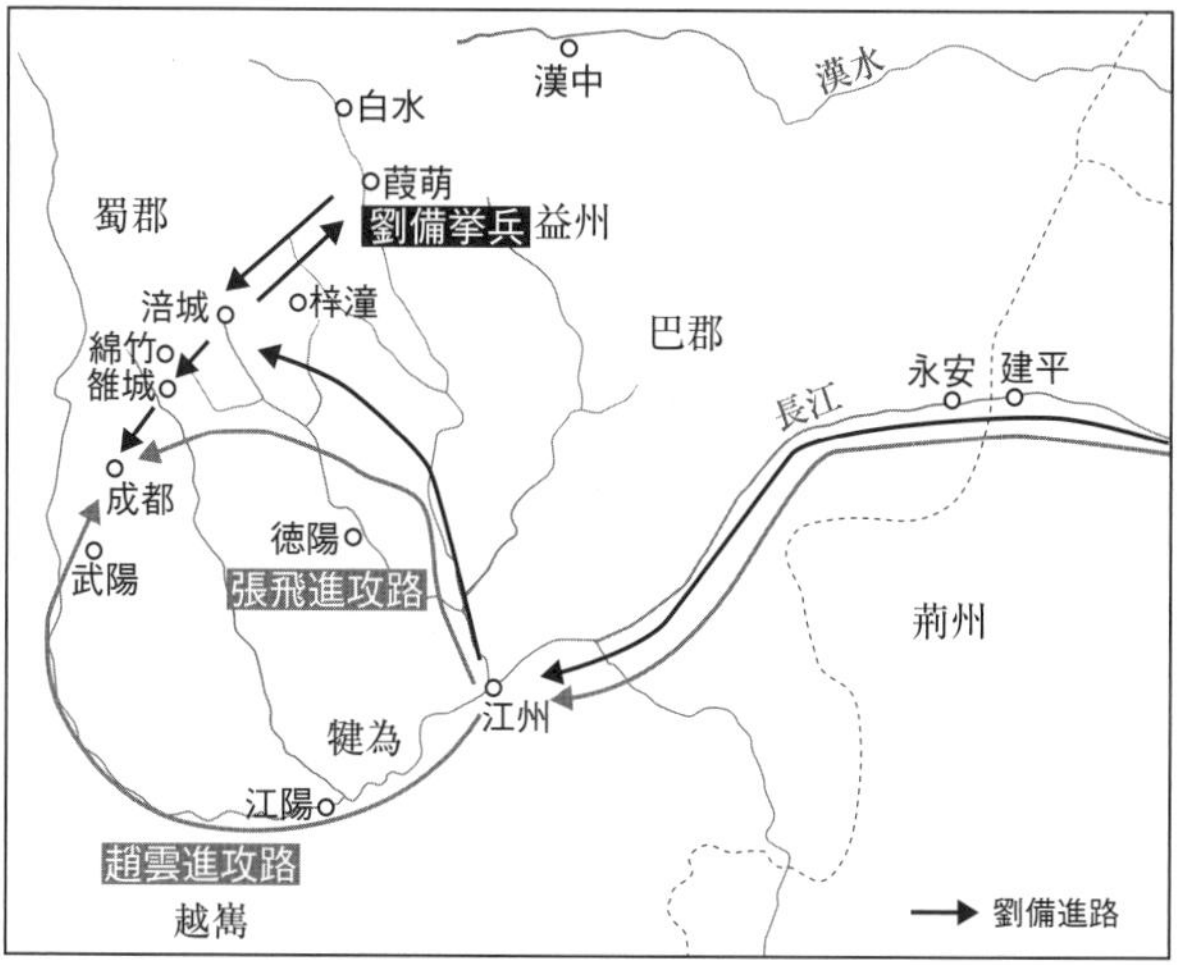
漢中
漢水
白水
葭萌
劉備挙兵
益州
蜀郡
涪城
梓潼
巴郡
綿竹
雒城
永安
建平
長江
成都
徳陽
武陽
張飛進攻路
荊州
江州
犍為
江陽
趙雲進攻路
越嶲
劉備進路

対して、漢中王を名乗ることになりました。

そのころ、呉では、劉備を第三極として育成するという独自の「天下三分の計」を持っていた魯粛《ろしゅく》が病死したため、荊州の帰属問題が表面化していました。赤壁の戦いで周瑜が曹操を破ったにもかかわらず、劉備が荊州南部を領有できたのは、荊州を横取りされたという呉の反発を魯粛が抑えていたからなのです。

建安二十四（二一九）年、孫権は曹操と結び、武将の呂蒙《りょもう》を遣わして劉備の荊州の守将である関羽を挟撃《きょうげき》し、荊州を奪取しました。ここに三国の境域は、ほぼ画定します。

翌年、曹操が病死すると、子の曹丕《そうひ》は、後漢の献帝から禅譲《ぜんじょう》（皇帝の地位を平和的に譲ること）を受けて魏を建国し、黄初《こうしょ》元（二二〇）年と元号を立てました。劉備は、曹丕の簒奪《さんだつ》を認めず、翌年、漢を建国して、章武《しょうぶ》元（二二一）年と元号を立てます。

劉備の国家の正式名称は漢ですが、すでに前漢・後漢という名称が成立していたため、季漢《きかん》（季は末っ子の意）と称しています。それでも、劉備の国家を「蜀」と呼ぶ理由は、魏を正統とする歴史書の『三国志《さんごくし》』が、劉備の国家の歴史を「蜀書」に描いたことを尊重するためです。

## 天下鼎立

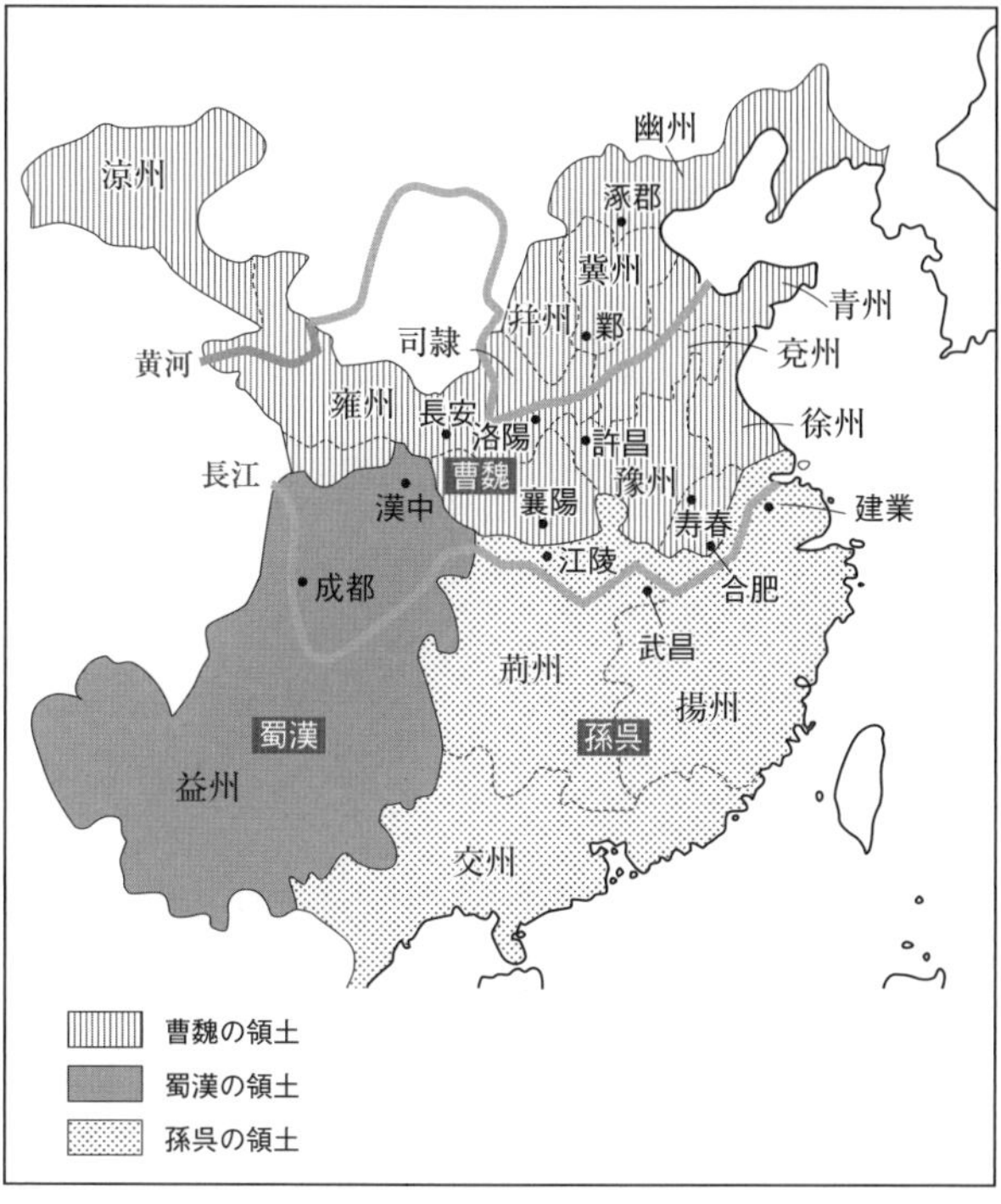

幽州
涼州
涿郡
冀州
青州
司隷
并州
鄴
兗州
黄河
雍州
長安
洛陽
許昌
徐州
長江
曹魏
漢中
襄陽
豫州
寿春
建業
江陵
成都
合肥
武昌
荊州
揚州
蜀漢
孫呉
益州
交州
曹魏の領土
蜀漢の領土
孫呉の領土

漢を建国した劉備は、国是《こくぜ》である魏の打倒よりも、長年自分を支えてきた関羽を騙《だま》し討ちにした孫呉への征伐を優先しました。

孫権は、曹丕に臣従して魏と結ぶ一方、陸遜《りくそん》（呉郡の名門陸氏の出身）を派遣して、**夷陵の戦い**《いりょう》で劉備を破らせました。劉備は、白帝城《はくていじょう》（益州巴郡永安県）に退き、永安《えいあん》宮《きゅう》と改名して、成都より諸葛亮を呼び寄せ、遺孤《いこ》の劉禅を託して崩御するのです。

## 北伐と三国統一

諸葛亮は、呉と同盟を結び直すと、益州南方（現在の雲南省・貴州省）へ**南征**《なんせい》を行います。七度捕らえては七度釈放したという「七縦七擒《しちしょうしちきん》」の伝説とともに南蛮の有力者・孟獲《もうかく》を従え、後顧の憂いを断つと、劉禅に「出師の表《すいしのひょう》」を奉り、曹魏を滅ぼすために**北伐**《ほくばつ》に赴きます。

第一次北伐では、直接、長安を目指すのではなく、涼州を狙う奇策が功を奏し、天《てん》水《すい》・安定《あんてい》・南安《なんあん》（いずれも涼州南境付近）の三郡を支配しましたが、諸葛亮の秘蔵っ子であった馬謖《ばしょく》の命令違反により街亭《がいてい》の戦いに敗れ、「泣いて馬謖を斬」って敗戦を詫《わ》びました。

これ以後も諸葛亮は、北伐を繰り返しますが、**司馬懿**《しばい》に防がれて曹魏を滅ぼすことはできず、五丈原《ごじょうげん》に陣没します。

諸葛亮を防いだ司馬懿は、曹魏のなかで勢力を拡大します。曹丕の子の明帝《めいてい》に後事を託され、司馬懿の失脚を謀った曹爽《そうそう》は、正始《せいし》の政変で司馬懿に誅殺《ちゆうさつ》されます。こうして掌握した独裁権は、子の司馬師《しばし》を経て、司馬師の弟の司馬昭《しばしよう》に継承されます。

司馬昭は、景元《けいげん》四（二六三）年、鍾会《しようかい》（魏の名門出身。蜀漢平定後、造反して敗死）と鄧艾《とうがい》（下級層出身の将軍。鍾会の乱に巻き込まれて処刑される）を派遣して、宦官の黄皓《こうこう》の専横により衰退していた蜀漢を滅ぼし、その功績によって晉王《しんおう》に封建されます。

その子の司馬炎《しばえん》は、咸熙《かんき》二（二六

死せる諸葛、生ける仲達を走らす

五）年、曹魏の禅譲を受けて晋《しん》（西晋《せい》）を建国しました。さらに司馬炎は、咸寧《かんねい》六（二八〇）年、杜預《どよ》（西晋の重臣。『春秋左氏伝《しゅんじゅうさしでん》』の注釈をまとめるなど学問にも卓越する）などを派遣して、孫呉を滅ぼし天下を統一します。

三国時代は魏でも蜀でも呉でもなく、晋の統一によってここに終焉を迎えるのです。

# 第1章 劉備

――「仁」によって蜀漢建国を果たした英傑

## 桃園の誓い

黄巾《こうきん》の乱を平定のため義勇兵を募集するとの高札《こうさつ》を見てため息をついていると、後ろから「国に力も尽くさず、何を嘆息するか」と声をかける者があります。振りむくと、身の丈八尺、豹《ひょう》の頭につぶらな眼、豊かな頬《ほお》に虎の髭《ひげ》、そう張飛《ちょうひ》が立っていました。

高札を見ていた男は劉備《りゅうび》、中山靖王劉勝《ちゅうざんせいおうりゅうしょう》の末裔《まつえい》ながら、蓆《むしろ》を織り、草鞋《わらじ》を売り暮らしていました。

ふたりが酒を酌《く》み交わしていると、九尺の大男が入ってきます。関羽《かんう》です。郷里の豪族《ごうぞく》（大土地所有者）が無法を働くのにたまりかね、豪族を斬って亡命したといいます。関羽だけではありません。少しは財産を持っていた張飛も、漢室の末裔という劉備も、みな豪族に虐《しいた》げられる社会の下層部の出身なのです。

三人は張飛の家の近くの桃園《とうえん》で天地神明を祀り、義兄弟のちぎりを結びます。

「われら劉備・関羽・張飛は、姓は異なるとはいえ、ここに義兄弟のちぎりを結んだ以上、力を合わせ心をひとつにし、苦しきを救い、危うきを助け、上は国に報《むく》い、下は民を安《やす》んぜん。同年同月同日に生まれなかったことは是非もないとしても、同年同月同日に死なんことを願う」

三人は、旅の商人から馬と資金の援助を受け、義兵を挙げます。かつて劉備が師事していた盧植《ろしょく》（後漢《ごかん》を代表する儒者、黄巾の乱を平定する策を建てる）のもとに駆けつけ、朱儁《しゅしゅん》（後漢を代表する将軍）とともに張宝《ちょうほう》（張角《ちょうかく》の弟）と戦い功績をあげました。

しかし、劉備には長らく恩賞の沙汰はありませんでした。やっと得た地位も安喜《あんき》県の尉《い》（警察署長）に過ぎません。その地位すら、宦官《かんがん》の手先である督郵《とくゆう》（監察官）という小役人に賄賂《わいろ》を渡さなければ守れません。

張飛は、我慢できずに督郵を鞭打《むちう》ちます。こんな役人が多いから黄巾の乱が起きたのです。これでは、いくら乱を平定してもキリがありません。「理想の国家をつくりたい」。劉備は県尉をやめ、捲土重来《けんどちょうらい》を期すことにしました。

演義は、劉備・関羽・張飛が、桃園で義を結ぶことから始まります。もちろん、これは虚構ですが、現在、劉備と張飛の故郷である涿州《たくしゅう》には、三人が義を結んだ「**三義宮**《さんぎきゅう》」という「遺跡」も残っています。

このの ち、演義は劉備を主人公として、曹操・関羽・諸葛亮《しょかつりょう》の三人の主役を中心に話をまわしていくのですが、主人公の劉備は、泣いているばかりで、自ら何かを考えたり、前に出て戦ったりすることはありません。

演義では、張飛が鞭打った督郵も、正史では劉備が打ち据《す》えています。史実の劉備は、勇猛果敢な傭兵《ようへい》隊長で、その資質は、曹操も英雄と認めるほどの力を持っていました。それにもかかわらず、演義で泣いてばかりいるのは、中国小説では『西遊記《さいゆうき》』の三蔵法師《さんぞうほうし》のように、主役を引き立てるために主人公は何もしないことが多いことに加えて、劉備が「仁《じん》」の人とされているためです。

## 演義が描く「仁」

仁は、儒教《じゅきょう》の最高の徳目ですが、**孔子**《こうし》は『論語』のなかで、質問者に応じて異なった答えをしており、なかなか一言で表現できるものではありません。

孔子の門下のなかでは、学力の劣る樊《はん》遅《ち》が仁を尋ねると、孔子は、「人を愛することである」(『論語』顔淵《がんえん》篇)と易しく答えています。これに対して、最も秀でた顔淵(顔回《がんかい》)が仁を尋ねると、孔子は、「己《おのれ》を克《つつ》しみ礼《れい》に復《かえ》ることを仁とする(「克己復礼《こつきふくれい》」の語源。日本では朱子学を集大成した**朱熹**《しゅき》(朱子《しゅし》)の解釈に基づき「克」を「かつ」と解釈する。袁《えん》紹《しょう》が軍師に招いた後漢《ごかん》末の大儒《たいじゅ》・鄭玄《じょうげん》は、「克」を「つつしむ」と解釈する)。一日でも、己を克しみ礼に復ることができれば、天下は仁に帰す。仁を行うことは己により、人によることではない」(『論語』顔淵篇)と答えています。樊遅への答え

三義宮(涿州、桃園の誓いの場所とされる)

に比べて、要求が高くなっていることがわかります。樊遅と顔淵への答えを合わせて考えると、孔子は、「仁」を人を愛し、己のわがままに打ち勝ち、社会的規範たる礼に従うこと、と考えていたようです。朱子は、仁とは愛の理、心の徳である、と定義しています。

「仁」とは何か、孔子や朱子の解説でわかったような気がしますが、では、具体的にどうすれば「仁」なのか、あるいは何を「仁」と評価するのか、ということは、場合によって異なるようです。

演義は、どのように劉備の「仁」を描いているのでしょう。演義は、講談のなかから次第に形成されていった文学なので、演義が描く「仁」は、中国の人々が望んだ「仁」のあり方と考えることができるでしょう。

調べてみると、演義の劉備は、督郵を鞭打たないこと（2、数字は演義の回数、以下同）を「仁」と称されることからはじまり、孔融《こうゆう》を助け（11）、徐州《じょしゅう》を譲られ（12）、劉琮《りゅうそう》を殺さず（39）に「仁」と称され、劉表《りゅうひょう》（34）・徐庶《じょしょ》（35）・徐庶の母（36・37）・崔州平《さいしゅうへい》（37）・諸葛亮（39）・魏延《ぎえん》（41）・鞏志《きょうし》（53）・魯粛《ろしゅく》（54）・喬国老《きょうこくろう》（54）・苗沢《びょうたく》（57）・張松《ちょうしょう》（57）・法正《ほうせい》（64）・糜竺《びじく》（83）など、敵味方を問わずさまざまな立場の人々から「仁」と評価され、諸葛亮が孫呉《そんご》に同盟に説きにいった際にも、劉備の「仁」は連呼されています（45）。

このほか、劉備の即位の理由のなかに「仁」が掲げられますが（73）、これは正史にも記録されます。また、曹操と比較するなかで、自ら「仁」でありたいと述べること（60）は、正史につけられた裴松之《はいしょうし》（劉宋《りゅうそう》の史家）の注（以下、裴注《はいちゅう》と略称）に引用される『九州春秋《きゅうしゅうしゅんじゅう》』を典拠とします。したがって、劉備が仁であることは、完全な虚構とはいえません。

しかし、入蜀《にゅうしょく》の際に、劉璋《りゅうしょう》軍を破り、宴会で大喜びをして、龐統《ほうとう》（劉備の軍師）に、「人の国を破って喜ぶものは、仁者の兵ではありません」とたしなめられるなど（62、龐統伝）、史実としての劉備は、つねに仁に満ち溢《あふ》れる人物とはいい難いでしょう。

それでは、史実の劉備は、どのような人なのでしょうか。

## 君臣を超えた関係

劉備は、字《あざな》を玄徳《げんとく》といい涿郡《たくぐん》の人で、前漢《ぜんかん》の景帝《けいてい》の子・中山靖王劉勝の後裔《こうえい》とされています。しかし、漢の一族とは称するものの、劉備は、草鞋を編み、蓆を売って暮らす社会の下層階級の出身でした。

『資治通鑑《しじつがん》』という歴史書を著した北宋《ほくそう》の司馬光《しばこう》は、劉備が漢の一族であることを疑い、蜀漢《しょくかん》を漢の正統を受け継ぐ国家とは認めませんでした。たしかに、劉備には、豪族的な一族の繋《つな》がりを見ることはできません。盧植に学んだ際に、一族の援助を受けたことは記録されていますが、起兵以降、その一族の力を利用できた形跡はありません。

これは、一族の曹仁《そうじん》・曹洪《そうこう》、宗族の夏侯惇《かこうとん》・夏侯淵《かこうえん》を各地の司令官として起用できた曹操《そうそう》や、挙兵の際すでに孫賁《そんふん》や呉景《ごけい》といった一族・宗族がそれなりの勢力を有していた孫策《そんさく》と比べた場合に、圧倒的に不利な条件です。劉備は裸一貫から武力でのし上がった英雄なのです。家柄も経済力もなかった劉備は、関羽・張飛・趙雲《ちょううん》などを率い、その卓越した武力により台頭していきました。

劉備の臣下のうち、曹仁のように方面軍を任されて単独行動をした者は、やがて荊《けい》州《しゅう》を任される関羽でした。関・張と並称される関羽・張飛と劉備との関係は、「寝るときには寝台を共にし、恩愛は兄弟のようであった」と表現されています。演義は、

## 蜀漢系図

前漢 景帝《けいてい》
- 中山靖王劉勝《ちゅうざんせいおうりゅうしょう》
  - …… 劉雄《りゅうゆう》
    - 弘《こう》
      - 備《び》 ①昭烈帝《しょうれつてい》
        - 理《り》
        - 永《えい》
        - 禅《ぜん》 ②後主《こうしゅ》
          - 璩《きょ》
          - 恂《じゅん》
          - 諶《じん》 北地王《ほくちおう》
          - 瓚《さん》
          - 琮《そう》
          - 瑤《よう》
          - 璿《えい》

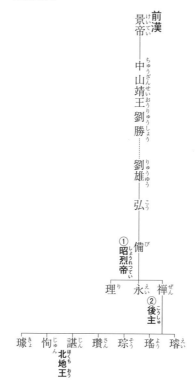

この関係を「**桃園結義**《とうえんけつぎ》」という義兄弟のちぎりを結ぶ場面として演出しているのです。史実としても、公的には君臣関係でありながら、私的には兄弟のようである、という関係を劉備と関羽・張飛は結んでいたのです。

また、劉備と趙雲とのあいだにも、「寝台を共にして眠った」という、関・張と同質の関係があったことが記録されています。かれらを代表とするように、劉備が荊州で諸葛亮を迎える以前から従っていた臣下と劉備とのあいだには、「義兄弟」という表現を可能にするほど強い「情」による結びつきを見ることができます。

もちろん戦乱期の集団が、こうした関係を持つことは珍しくありません。曹操・孫氏の集団のなかにもそれを見出すこともできます。しかし、君臣のあいだが「兄弟」という言葉によって表現されるほどに強い「情」による結びつきは見られません。これは、集団の核となるべき族的結合力を欠く劉備が、それを関羽や張飛に求めた結果であると考えられるでしょう。

なお、劉備が挙兵した際に、中山（冀州《きしゅう》北部の国）の馬商人である張世平《ちようせいへい》と蘇双《そそう》は大金を出して、劉備に兵を集めさせています。かれらは、涿郡に馬の売買に来ており、涿郡出身の劉備と張飛は、その用心棒であったのでしょう。

また、関羽の出身地である解県《かいけん》（現在の山西省臨猗《りんい》）は、解塩《かいえん》という中国で最も大量の塩の産地なのです。明《みん》代になると、塩商人である山西商人は、塩池《えんち》の神として関羽を祀り、それを全国に広げて関帝《かんてい》信仰を根付かせていきます。関羽もまた、塩商人の用心棒であったと考えてよいでしょう。

陶謙《とうけん》の死後、劉備を徐州に迎えた麋竺もまた、この時代を代表する大商人でした。初期の劉備集団は、これを踏まえると商業系の用心棒集団が傭兵集団へと変わったものと捉えることもできるでしょう。

## 傭兵集団の弱点

演義の泣いてばかりいるイメージとは異なりますが、劉備個人の戦闘能力が高く、戦術も優れていたからこそ、劉備は、公孫瓚《こうそんさん》→呂布《りょふ》→陶謙→袁紹→曹操→劉表と、群雄のあい

桃園の誓い

だを傭兵集団として渡り歩くことができたのです。

しかし、戦闘能力の高さのわりには、いつも負けている印象を受けます。それは、劉備が拠点を確保するための**名士**《めいし》（名声を存立基盤とする三国時代の知識人）を陣営に持たなかったため、占領地域の支配が安定せずに、せっかく取った根拠地を失ってしまうからなのです。諸葛亮を迎えてからの劉備集団が強力となるのは、まさにこの弱点を諸葛亮が補ったためで、劉備の軍隊指揮能力は、曹操が「いまの世の英雄は、君とわたしだけである」というだけのものがあったのです。

かれらと名士との関係は、荊州で新しく集団に参加した劉巴《りゅうは》と張飛との逸話から考えることができます。

裴注に引かれる『零陵先賢伝《れいりようせんけんでん》』には、「張飛はかつて劉巴の家に遊びにいったが、劉巴は張飛と話もしなかった。張飛はついに怒ってしまった。そこで、諸葛亮は劉巴に次のようにいった、『張飛は武人ではありますが、あなたを敬愛しているのです。あなたが、高い志をお持ちのことはわかりますが、どうかもう少し下の者にも優しくしてあげてください』。劉巴は答えた、『立派な人物が世の中で生きる理由は、天下の英雄（ここでは武力的なそれではなく、名声の高い名士という意味）と交際するためである。どうして、兵隊野郎（原文は「兵子」）と共に語ることなどできようか』」と記されています。劉巴のような名士にとって、張飛などは「兵子」に過ぎず、ともに語るに足る存在ではなかったのです。劉備たちの社会的階層の低さがわかるでしょう。それでも張飛は名士に迎合し、その反動なのか、兵には厳しく部下をよく鞭で打ちました。張飛の最期は、それを恨んだ部下の寝返りを原因とします。

一方、関羽は、兵に優しい反面、名士に対抗意識を持って、自らも晩年『春秋左氏伝《しゅんじゅうさしでん》』を学びました。しかし、荊州の陥落は、その対抗意識から部下の糜芳《びほう》（糜竺の弟）や士仁《しじん》を軽んじ、それを恨んだかれらが、呉の呂蒙《りょもう》に降伏したことを原因とします。名士への対応は正反対ですが、いずれも名士への劣等感から、張飛も関羽も敗れていくのです。

演義は、武将の戦いを物語の中心に据えますが、史実としての三国時代の主役は知識人でした。三国に続く両晋南北朝《りょうしんなんぼくちょう》時代は、中国における貴族制の最盛期となります。西欧・日本の「武」の領主が、土地の所有を存立基盤とすることに対して、中国の貴族は、文化資本を存立基盤に置きます。むろん、中国の貴族も土地は所有します。それは、文化の習得のための必要条件であり、高官の世襲の結果、拡大するものですが、一義的に貴族を存立させるものではありませんでした。

たとえば、諸葛亮は徐州琅邪《ろうや》郡（山東省）の豪族の出身です。しかし、諸葛亮が「臥龍《がりょう》」という名声を得た場所は荊州襄陽《じょうよう》郡（湖南省）であり、劉備を支えて政権を樹立した場所は益州《えきしゅう》（四川省）でした。郷里社会に持っていたであろう大土地所有を諸葛亮が自らの存立基盤として所有し続けられたわけではありません。

むろん、かれが学問を成し得た経済的な基盤は、大土地所有が準備をしましたが、大土地を所有する者が、かれと同等な名声を有したわけではありません。諸葛亮は荊州学という儒教を学び、乱世への自らの見識を打ち立てるという文化資本によって得た名声を基盤に、襄陽の豪族たちと婚姻関係を結び、劉備から**三顧《さんこ》の礼《れい》**を受けて出仕したのです。孫呉への使者となった外交能力も、その内政・外征を支えた知識も行動規範も『春秋左氏伝』を中心的な経典《けいてん》とする荊州学を淵源とします。

諸葛亮のように、自らの存立基盤を一族の大土地所有ではなく、個人の身につけた文化に基づく名声に求める三国時代の知識人層を本書では名士と呼びます。詳細は第10章に譲りますが、名士は、西晉《せいしん》になると、九品中正制度《きゅうひんちゅうせいせいど》と結合した五等爵制《ごとうしゃくせい》により、国家的な身分制である貴族制に位置づけられる貴族へと変貌を遂げていきます。

三国政権は、君主と名士との関係によって、それぞれに異なった構造を持っていますが、いずれの君主も、君主権力とは異なる場における名声を存立基盤とする名士とは対峙《たいじ》的で、名士の社会的権威を自らの権力に従属させようとしていたのです。

したがって、劉備が兄と慕った公孫瓚は、名士を抑圧する政策を取っていました。名士を優遇しても、かれらはそれを当然と考え、公孫瓚に忠誠心を抱かないためです。公孫瓚は商人と義兄弟のちぎりを結び、その財力によって「白馬義従《はくばぎじゅう》」と呼ばれる騎兵部隊を整備して、しばしば袁紹を破りました。しかし、名士を幕下に置かないために、拠点の統治は安定せず、やがて袁紹に敗退します。

劉備は、公孫瓚のように名士を受け入れない態度を示したわけではありません。むしろ、高名な名士の孔融《こうゆう》（孔子の二十世孫）が、劉備に助けを求めると、「孔融ほどの名士が天下に劉備があることを知っていてくれたのか」と喜び、すぐさま救援に赴きました。名士を尊重し、名士間に名を売ろうとしていたのです。したがって、一時的に豫州《よしゅう》・徐州を得ると、陳羣《ちんぐん》（荀彧《じゅんいく》の娘婿）、陳登《ちんとう》という当時を代表する名士を辟召《へきしょう》（部下として召し出すこと）して、尊重しています。

しかし、かれらは、劉備がそれらの州を失うと随従せず、名士が集団に留まり続けることはありませんでした。しかも陳登は、劉備を「雄姿は傑出しており、王者・覇《は》者《しゃ》の才略がある」と高く評価していながら、随従はしないのです。つまり、名士が出身地を捨ててまで随従する魅力や将来性が、劉備とその集団には欠けていたのです。また、徐州を拠点とすべきでないとする陳羣の献策に劉備が従わなかったように、関羽・張飛を差し置いてまで、名士の進言に従いうる集団でもありませんでした。

こうして名士は集団に留まり続けず、劉備は一時的に支配地を得ても保有することができず、傭兵集団として荊州の劉表を頼ることになったのです。

## 三顧の礼

劉備は、劉表の客将となると、司馬徽《しばき》（在野の名士）より名士を迎える必要性を説かれました。当時、例外的に平和を保っていた荊州では、司馬徽と宋忠《そうちゅう》（劉表に仕え、のち曹操に仕える）を中心に「荊州学」という儒教の新学派が形成され、実践的に世の中を救おうとする諸葛亮・龐統《ほうとう》らが高い評価を得ていたのです。劉備は、この集団に着目しました。

## 赤壁の戦いまでの劉備の軌跡

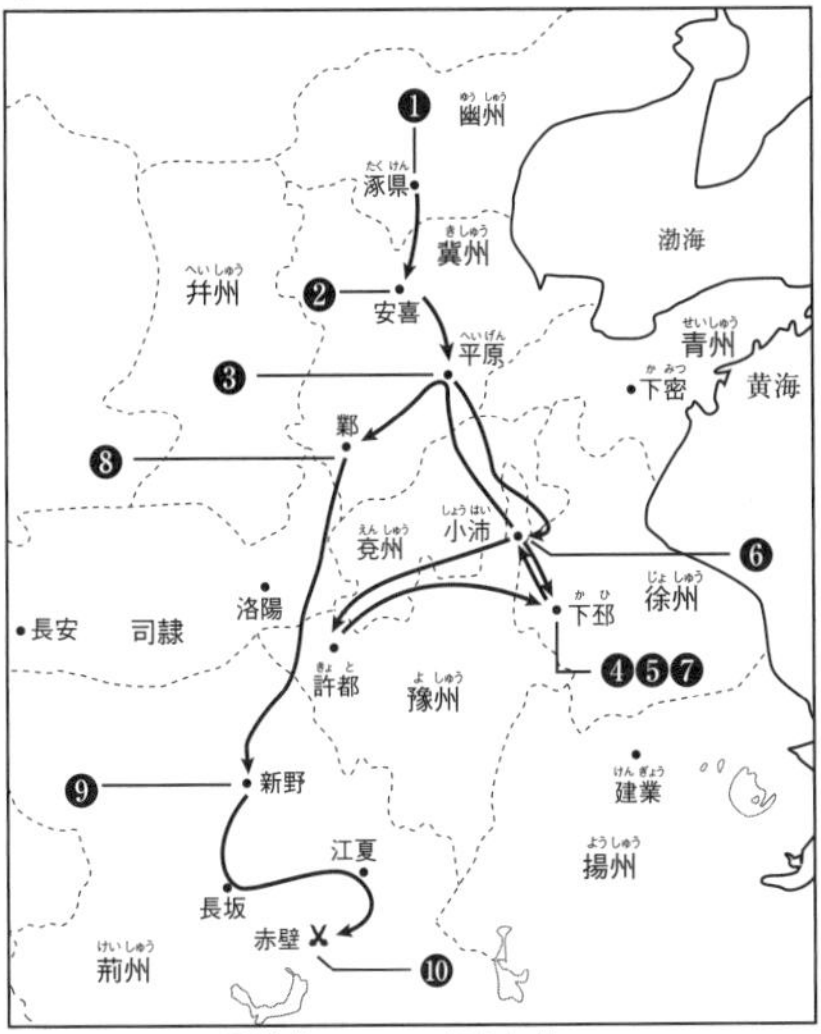


❶劉備は幽州涿《たく》郡涿県の出身。下級豪族ながら父を早くに亡くし、貧しい中で育った。また同郡の張飛、涿に亡命してきた関羽と出会う。

❷黄巾の乱平定の功績で、安喜県《あんきけん》の尉《い》に任命されるが、郡の督郵(監察官)を鞭打ったため逃走。

❸学友だった公孫瓚《こうそんさん》の推挙で別部司馬《べつぶしば》となり、さらに功績をあげて平原国《へいげんこく》の相《しょう》に任命される。

❹193年、曹操に侵攻された徐州牧《じょしゅうぼく》・陶謙《とうけん》の救援に向かう。そして翌年、陶謙の遺言により徐州牧を引き継ぐ。

❺196年、迎え入れた呂布《りょふ》に裏切られ、徐州を奪われる。

❻劉備はさらに小沛《しょうはい》で呂布に敗れ、曹操の本拠である許都に逃れる。曹操は劉備を厚遇し、豫州《よしゅう》牧とした。

❼曹操と協力して下邳《かひ》で呂布を滅ぼす。その功で左将軍に任命される。その後、袁術《えんじゅつ》討伐にかこつけて徐州で再び独立する。

❽官渡《かんと》の戦い直前にいち早く曹操に攻撃され、袁紹《えんしょう》のもとに逃れる。袁紹は客将として待遇した。

❾官渡の戦いで袁紹が敗れると、劉表《りゅうひょう》を頼り新野に駐屯する。この間、諸葛亮を「三顧の礼」で迎え入れる。

❿曹操が南下すると、荊州《けいしゅう》牧・劉琮《りゅうそう》は戦わずに降伏。劉備は敗走して江夏に至ると、孫権と同盟を結び、赤壁《せきへき》で曹操軍を迎え撃った。

司馬徽を中心とする襄陽の名士グループ（以下、襄陽グループと略称）は、乱世を平定しようとする志《こころざし》のない劉表を評価せず、一線を画していました。漢室復興の大義名分と強力な武将を持つにもかかわらず、名士を持たない劉備集団は、かれらにとっても、魅力的な存在でした。自分たちが活躍する余地があるためです。

襄陽グループのなかで、劉備に最初に接近した者は徐庶でした。豪族出身ではない徐庶は、劉備たちと社会階層があまり離れていません。腹を割って話すことができたのでしょう。徐庶を迎えたのち、劉備は自ら諸葛亮を訪ねることにします。

当初、劉備は三顧の礼を尽くすつもりはなく、徐庶に命じて諸葛亮を呼びつけようとしました。襄陽グループで「**臥龍・鳳雛《ほうすう》**」と並称される諸葛亮・龐統を自分の臣下とすることができれば、名士を取り込むことができます。そこに、徐庶が諸葛亮を勧めたため、劉備は諸葛亮を呼びつけ、襄陽グループに劉備を認めさせ、優位に立とうとしたのでしょう。

ところが、徐庶はそれを妨げ、劉備自ら諸葛亮を三たび訪れさせました。関羽・張飛を中心とする傭兵集団から、諸葛亮ら名士を中心とする集団へと、集団の方向性を大きく転換することを内外に宣伝するためです。むろん、関羽・張飛は不満でした。

劉備は、「わたしに諸葛亮が必要なのは、あたかも魚に水が必要なようなものだ（「水魚《すいぎょ》の交わり」という言葉の語源）。お願いだから諸君は文句をいわないでほしい」といって、集団の変容を関羽・張飛に認めさせます。こうして劉備は、名士を中核とした政権を形成していくのです。

劉備が諸葛亮に求めたことは、第一に、集団の基本方針（グランドデザイン）の提示です。孫権《そんけん》と結び、荊州と益州を領有して、一時的に三国を鼎立《ていりつ》させ、荊州から洛《らく》陽《よう》を、益州から長安《ちょうあん》を攻め、曹操を滅ぼすという「**草廬対**《そうろたい》」（いわゆる「天下三分の計」）」は、劉備集団の基本方針を指し示すものでした。何のために、どう戦うのか、それを明らかにしたのです。結果としては、曹操を滅ぼして天下を統一することができなかったので、「天下三分の計」といわれることが多いのですが、三分はあくまでも手段でした。諸葛亮は、中国を統一し、漢を復興することを劉備集団の目的として掲げたのです。

第二は、荊州名士を集団に参加させることです。劉備が客将のときには表立った動きを見せなかった諸葛亮ですが、曹操の南下により劉表政権が崩壊すると、襄陽グループや婚姻関係を利用して、多くの荊州人士を集団へ取り込みました。その結果、赤《せき》壁《へき》の戦いで劉備集団は目立った活躍をしていないにもかかわらず、孫呉に先んじて荊州南部を支配し、これを安定させることができたのです。

第三に、諸葛亮が持つ外交・内政能力も、劉備に必要不可欠なものでした。赤壁の戦いにおける孫権との同盟も、その後の荊州南部の統治も、諸葛亮の力量に負うところが多く、荊州名士間で名声の高かった諸葛亮の存在は、荊州名士の規制力を劉備政権の統治の支柱となすことに重要な役割を果たしました。

こうして劉備は、三顧の礼による諸葛亮の招聘《しょうへい》、それを契機とする荊州名士の集団への加入により、集団を「情」で劉備と結びついた傭兵集団から、諸葛亮ら名士を中核とする政権へと、質的に変容させました。これによって、挙兵以来、初めて荊州を根拠地として保有し、ついには蜀漢政権を樹立するのです。

## 関羽の仇討ち

荊州南部を拠点として益州に攻め込んだ劉備は、益州を支配する劉璋の軍事的基盤である東州兵《とうしゅうへい》の抵抗を粉砕し、さらに曹操を破って漢中《かんちゅう》を切り取ります。曹操が死去して、曹丕《そうひ》が漢を滅ぼして魏《ぎ》（曹魏）を建国すると、それを認めないために漢（蜀漢、季漢《きかん》）を建国、漢を復興するという志を実現します。

しかし、それ以前に、荊州を守っていた関羽は、劉備に呼応して曹操に攻め込み、呉の裏切りによって挟撃《きょうげき》されて、呂蒙に敗れていました。そのため劉備は、志を実現しても鬱々として楽しみません。

ついに劉備は、関羽の仇討ちのため、諸葛亮の基本方針に背いて呉に攻め込みます。このときの劉備は、いままで被《かぶ》せられていた聖人君子の仮面を取りさり、誰の制止も聞かず、関羽の仇討ちに向かって一直線で行動します。傭兵隊長だったころの力強い劉備の姿をここに見ることができるのです。

演義では、趙雲のほか諸葛亮も劉備の東征を止めています。しかし、正史には、諸葛亮が東征に反対した記録はありません。実は、諸葛亮も劉備の軍事能力を高く評価していたのです。後世の軍師のイメージからは意外かもしれませんが、諸葛亮は劉備の生前、軍の指揮をしたことはありません。劉備の軍事能力を信頼していたからこそ、諸葛亮は反対しなかったのでしょう。

しかし、それだけではありません。趙雲が反対したように、蜀漢の不倶戴天《ふぐたいてん》の敵は曹魏であって、関羽の仇討ちは劉備の個人的な感情の暴走に過ぎません。一国の皇帝たる者が、臣下の戦死を理由に、自ら軍を率いて本来の敵国ではない呉に攻め込むことなど、政治的判断からすれば正しくないことを、諸葛亮は百も承知でいたはずです。でも、諸葛亮は東征を止めませんでした。止められなかったのでしょう。義弟のために仇討ちをすることは、劉備の生きざまの「すべて」だったからです。

関羽・張飛は挙兵以来、命と引き換えに劉備を守ってきました。かれらの「情」に基づく強い結びつきに、諸葛亮は入っていけなかったのです。

結局、劉備は**夷陵《いりょう》の戦い**で呉の陸遜《りくそん》に敗退して、白帝城《はくていじょう》でその生涯を閉じます。息子の劉禅《りゅうぜん》が心配なためでしょう。諸葛亮を警戒する遺言を残していますが、自分の生

夷陵の戦いで敗れる劉備

## 夷陵の戦いに至るまで

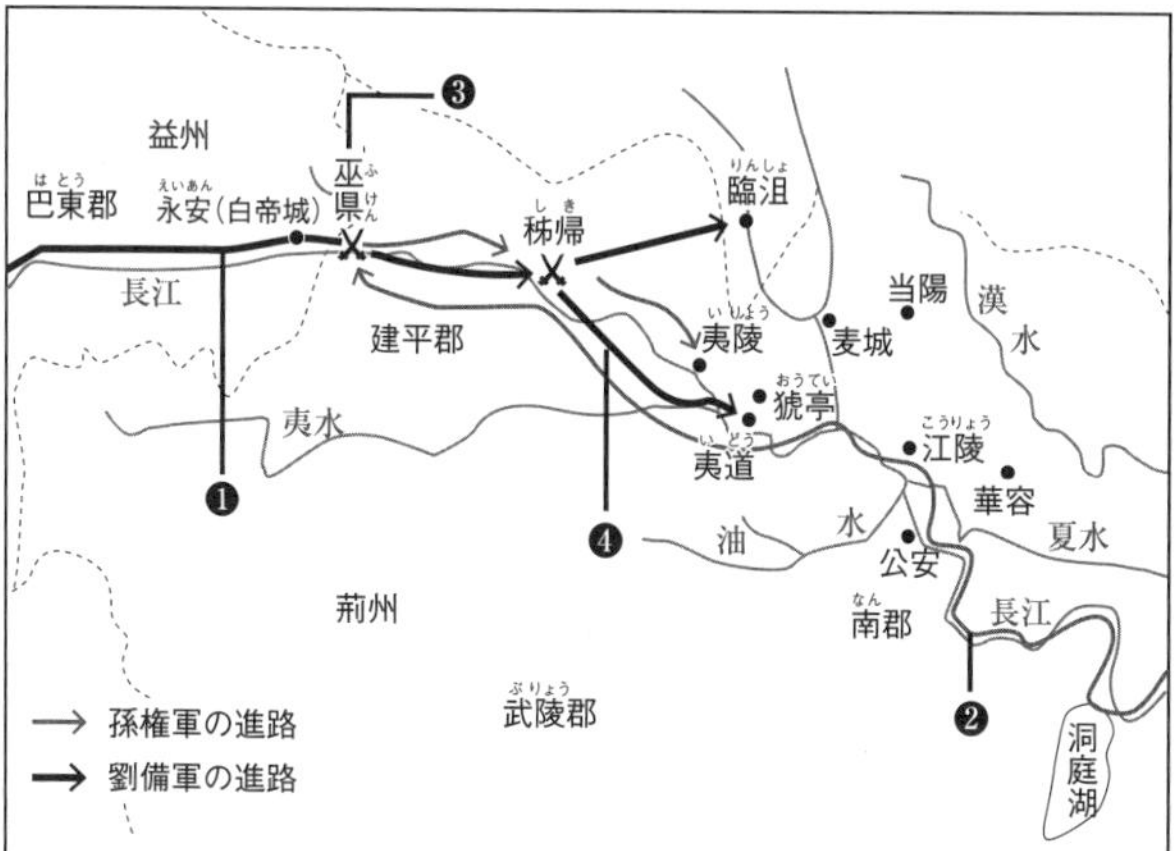


❶221年7月、関羽の仇を討つため、劉備は大軍を率いて呉へ侵攻を開始。

❷孫権は陸遜を大都督に任じ、約5万の軍勢を出撃させる。

❸劉備軍は孫権軍の前衛である巫県《ふけん》を突破し、秭帰《しき》を攻略。陸遜は撤退を開始。

❹劉備は別部隊に長江北岸を担当させ、自らは猇亭《おうてい》に本陣を構えた。

涯には満足していたのではないでしょうか。関羽・張飛と共に戦いをはじめ、関羽、そして関羽の仇討ちの前に殺された張飛のためにも戦って死んでいく。劉備の戦い続けた生涯を閉じるにふさわしい死に様であると思います。

このように正史によって劉備の生き方を見てくると、関羽・張飛との「情愛」を生涯貫いたことがわかります。『論語』で孔子のいう、「人を愛すること」としての「仁」をそこに見ることができるでしょう。

このため、演義は、劉備の「仁」を関羽・張飛との情に描こうとしました。桃園の誓いから物語が始まり、関羽・張飛の仇討ちに劉備が生涯を閉じるのは、そこに桃園の誓いを最後まで全うしようとした劉備の情愛を見ることができるからです。

人々は、こうした劉備に人を愛する仁の本質を見たのでしょう。ここには、仁君として民を愛する政治を求める中国の人々の思いがあると思います。

# 第2章 貂蝉

——怪物董卓と飛将呂布を翻弄した「孝」の人

## 呂布の去就

黄巾《こうきん》の乱そのものは、首謀者の張角《ちょうかく》が病死したこともあり、後漢《ごかん》の将軍である皇甫嵩《こうほすう》や朱儁《しゅしゅん》などの活躍により平定されました。しかし、黄巾の乱を平定しても、後漢の国政は好転しませんでした。宦官《かんがん》（宮中に仕える去勢した男子）と外戚《がいせき》（皇后の一族）の対立が続いていたからです。

そうしたなか、外戚の何進《かしん》は、宦官の全滅をはかり、強力な軍隊を首都の洛陽《らくよう》に呼び寄せようとしました。ところが、先手を打った宦官は、何進を宮中で殺害します。何進とともに計画を練っていた袁紹《えんしょう》は、軍を率いて宦官を皆殺しにしますが、皇帝の少帝《しょうてい》は宦官に連れられて都を出て、行くあてもなくさまよっていました。

そこに、涼州《りょうしゅう》から軍を率いて**董卓**《とうたく》が到着します。おどおどしている少帝に比べて、堂々と対応した弟の陳留《ちんりゅう》王（のちの献帝《けんてい》）に感心した董卓は、少帝を廃して、陳留王を立て、その功績により全権を握ろうとしました。

静まり返る百官のなか、ひとり荊州《けいしゅう》刺史《しし》の丁原《ていげん》だけが反対を唱えます。丁原もまた強力な軍隊を率いていたのです。翌日、丁原は養子の**呂布**《りょふ》の圧倒的な活躍により董卓を破りました。驚いた董卓は、名馬「赤兎馬《せきとば》」と莫大な金銀宝玉を呂布に贈ります。利につられた呂布は丁原を殺し、その首を手土産に董卓の養子となりました。

武勇では向かうところ敵なしの呂布を手に入れた董卓は、ふたたび皇帝の廃立を唱えます。すると、今度は、袁紹が反対しました。袁紹は「四世三公《しせいさんこう》」と讃えられた名門の出身です。

「陛下は即位してから日も浅く、なんら不徳を犯していない。おまえは嫡男（少帝）を廃して、庶出の子（陳留王）を立

漢魏洛陽故城（洛陽、右に見える畦道が城壁跡）

てようとしている。謀反《むほん》以外のなにものでもない」

袁紹と董卓は互いに刀を抜いてにらみ合いました。やがて袁紹は、刀をさげたまま退出すると、冀州《きしゅう》へと立ち去ります。

こうして反対する者をすべて排除した董卓は、少帝を廃し弘農王《こうのう》とし、九歳の献帝を立てました。のち弘農王を殺し、相国《しょうこく》（三公の上に置かれる最高位）の位につくと、宮女を姦淫《かんいん》して天子の寝台で休んだり、村祭りを襲撃して民を殺して賊を滅ぼしたと宣伝するなど、暴虐《ぼうぎゃく》の限りを尽くしました。

演義は、このように後漢を破壊しつくす董卓を悪逆非道な人物としてのみ描き、それを駆除した**貂蝉**《ちょうせん》が、いかに功績をあげたのかを強調しようとします。正史には、董卓が荀爽《じゅんそう》（荀彧の叔父）や蔡邕《さいよう》（後漢末の大学者）といった名士《めいし》の抜擢《ばってき》につとめ、政権を安定させようと努力した側面をも伝えるのですが、演義はそうした董卓の時代に適用しようとした側面を描くことはありません。後漢は、破壊者董卓によって粉砕されたのです。

## 王允がしかけた「連環の計」

冀州に逃れた袁紹を盟主として、反董卓連合が組織されると、董卓は洛陽を焼き払い、涼州に近く軍事拠点でもある前漢《ぜんかん》の首都長安《ちょうあん》に都を遷します。反董卓連合軍は、曹操《そうそう》を除けば、それを追撃することもなく、互いに牽制《けんせい》しあいながら、自らの勢力圏の拡大を目指し、やがて分裂していきました。こうして反董卓連合軍が分裂すると、董卓の横暴な振る舞いは増すばかりです。

演義では、かつて曹操に宝剣を渡して董卓の暗殺を謀った司徒《しと》の**王允**《おういん》に、貂蟬を使った「**美女連環《れんかん》の計**」を用いさせ、董卓と呂布の仲を裂き、呂布に董卓を殺害させます。正史にも、王允が呂布を誘って董卓を殺害させたことは記録されていますが、貂蟬は創作人物なので、正史には登場しません。ただし、呂布が董卓の侍女に手を出し、それが露見することを恐れていた逸話は載せています。この侍女が貂蟬のモデルでしょう。演義は、貂蟬の美女連環の計を通じて、貂蟬の王允への孝と漢への義を描いていきます。

董卓と呂布がともに好色漢であることに目をつけた王允は、歌伎《かぎ》（歌姫）の貂蝉を使い、ふたりの仲を切り裂きます。

王允はまず呂布を招き、貂蝉の魅力の虜《とりこ》になった呂布に、「側室として嫁がせる」と約束しました。数日後、今度は董卓を招き、貂蝉が気にいった董卓に、「侍女として献上する」といい、直《ただ》ちに送り届けます。呂布は怒り、約束違反を詰め寄ります。しかし王允が、「董卓は自分の手で貂蝉を呂布に嫁入りさせると連れ帰った」と言いくるめると、呂布は安心して帰っていきました。

明くる日、呂布が董卓のもとに行くと、董卓は貂蝉と一緒に休んでいて、まだ起きて来ないと告げられます。驚いた呂布が奥に忍び込むと、それを見つけた貂蝉は、悲しみに堪《た》えない風情で呂布の心をかき乱します。

董卓が病気になると、貂蝉は帯も解かずに看病しました。呂布が見舞いのために奥に入ると、貂蝉は自分の切ない気持ちを表すために、董卓の床《とこ》の後ろから半身を乗り出して自分の胸を指し、ついで董卓を指して、はらはらと涙を流しました。貂蝉が無理矢理董卓のものにされたと考えた呂布の心は、張り裂けんばかりです。

董卓の政務中、呂布は馬を飛ばして貂蝉に会いに来ます。貂蝉は泣きながら呂布に訴えかけます。

「わたくしは将軍を当代随一の英雄だと思っておりました。それが董卓の言いなりになっておられるなんて」

呂布は恥ずかしさで顔をまっ赤にして、貂蝉を抱擁しながらやさしい言葉で慰めます。ところがそこに董卓が戻ってきます。そして、二人が親しげに語り合っているのを見た董卓は怒って呂布に矛を投げつけました。

この様子を見ていた謀臣の李儒《りじゅ》は、貂蝉を呂布に与えるよう説得します。董卓はその気になりますが、貂蝉に、「呂布のもとに行くくらいなら死んだほうがましです」と泣かれて止めました。「われらはみな、女の手に死ぬのか」。李儒の嘆きは的中します。

王允に誘われた呂布は、董卓打倒を決意します。王允がつくった偽詔《ぎしょう》（詔は皇帝の命令）で呼び寄せられた董卓は、呂布に殺害されます。五十四歳でした。董卓の遺骸はさらされ、肥満体であったため、恨みを持つ人々が灯心をへそに刺し、火をつけたところ、灯火は翌日まで消えなかったといいます。民の董卓への恨みがわかります。

王允は、董卓の部下を許しませんでした。このため、李傕《りかく》と郭汜《かくし》（ともに董卓の武将）が部下を糾合して長安を襲撃します。頼みの呂布は、李傕の部下・賈詡《かく》の謀計に敗れ、荊州《けいしゅう》の袁術《えんじゅつ》のもとに逃れていきました。王允は、李傕と郭汜に殺され、董卓に代わってふたりが、長安で横暴の限りを尽くしていくのです。

## 妻と歌伎

春秋《しゅんじゅう》時代の呉《ご》王夫差《ふさ》の后である西施《せいし》、前漢のため匈奴《きょうど》（モンゴル系の北方民族）に嫁いだ王昭君《おうしょうくん》、唐《とう》の玄宗《げんそう》の后である楊貴妃《ようきひ》とならんで、貂蟬は**中国四大美女**のひとりとされています。このなかで貂蟬だけが、架空の人物です。演義の影響力の大きさ、および演義の女性のなかで、最も異彩を放ち、物語で重要な役割を果たした者が貂蟬であることがわかります。

貂蟬は、元《げん》代に刊行された『三国志平話《さんごくしへいわ》』（以下、平話と略称）にすでに登場していますが、演義の設定とは、いくつかの相違があります。そのひとつは、貂蟬の身分です。

平話の貂蟬は、呂布の妻ですが、これに対して演義では、王允の屋敷の歌伎となっています。平話では、「わたくしは姓は任、幼名を貂蝉と申します。夫は呂布です」と王允に自己紹介しており、貂蝉は呂布の妻という設定になっています。そののち、貂蝉は、王允の屋敷に世話になり、呂布の妻でありながら、董卓と関係を持ちます。

一方、演義に貂蝉が登場するのは、王允が董卓の横暴さに耐えかね、漢の臣下を屋敷に集め、曹操に董卓殺害の大業を委ねますが失敗に終わり、自分の屋敷の庭園で漢の行く末を案ずるという場面です。王允の前に貂蝉が現れたことで、王允は「美女連環の計」という妙計を思いつきます。

彼女は幼いころ、王允の屋敷へ入れられ、歌や舞の手ほどきを受けていました。そのとき、十六歳となり、芸事に優れ、非常に美しく、王允は実の娘のように面倒をみていました。王允は、貂蝉に事情を打ち明け、拝礼して「美女連環の計」を授けることになります。

貂蝉の美女連環の計

## 貂蝉を斬る関羽、褒め讃える毛宗崗《もうそうこう》本

演義には、貂蝉の最期の場面は見られませんが、三国の物語を扱った雑劇《ざつげき》や戯曲《ぎきょく》のなかには貂蝉が関羽《かんう》によって斬られる場面を持つ話があります。

たとえば、明《みん》の戯曲選集『風月錦嚢《ふうげつきんのう》』に収められた「三国志大全」では、呂布が殺されたあと、手のひらを返したように、元の夫である呂布の悪口をいい、関羽・張飛《ちょうひ》に媚《こび》る貂蝉が描かれます。関羽は、貂蝉が呂布を誤らせたこと、および夫を裏切った不貞《ふてい》を責め、このような不義な貂蝉を生かしておいては禍《わざわい》の元になると考えて、貂蝉を斬り殺すのです。

こうした貂蝉像を演義は、厳しく批判しています。演義は総評のなかで、「最も恨めしいことは、いまの人がでたらめに伝えている、関羽が貂蝉を斬るという話である。そもそも貂蝉には斬られるべき罪はなく、むしろ褒め讃えられるべき功績がある」と述べています。こうした評価の違いはなぜ起こるのでしょうか。

貂蝉は、「美女連環の計」を成功させる代償として、董卓と呂布のふたりと関係を

持っています。「**二夫にまみえず**」生きることを理想とする清代《しん》においてそれでも演義は貂蟬を高く評価します。それは、女性の貞節《ていせつ》に対する社会通念が、階層によって異なっていたためです。演義において、貂蟬が呂布の妻ではなく歌伎とされているのは、歌伎が妓女《ぎじょ》と同じくその職業柄、かけられていた貞節への期待が小さいためです。

これに対して、関羽に斬られる話では、貂蟬は必ず呂布の妻とされています。妻であれば、「美女連環の計」の時点で、貂蟬は不貞を犯したことになります。したがって、妻に設定されている貂蟬は、張飛や関羽、物語によっては劉備《りゅうび》にまで言い寄り、不貞を重ねて斬られていくのです。

逆に、貂蟬が呂布の妻でなければ、関羽が貂蟬を斬る正当な理由はなくなり、不自然な描写となってしまいます。貂蟬が妻という貞節をより強く求められた身分で「美女連環の計」に協力しているからこそ、夫以外の男性と関係を持った行為が不貞とみなされ、関羽によって成敗《せいばい》される場面も、当時の読み手や観衆に納得のいく場面となりえたのでしょう。

## 貂蝉の孝と義

しかし、歌伎という身分に設定されるだけでは、不貞という悪事が追求されにくい理由になっても、それだけでは演義が「美女連環の計」を行った貂蝉を手放しで礼賛する理由には物足りません。不貞を犯していることは事実だからです。その罪を補って余りある行為を演義は貂蝉に認めています。

貂蝉は、「美女連環の計」を引き受ける直前、王允に向かって次のように述べています。

「わたくしは旦那様から深いお情けをかけていただき、歌や舞を習わせていただいております。旦那様は、我が子のように、礼をもってわたくしの面倒をみてくださいましたが、わたくしはこの身を粉《こ》にしても、万分の一のご恩返しすらできないと思っております。もし、わたくしに何かできることがございましたら、わたくしは死ぬことも厭《いと》いません」

「美女連環の計」に協力した動機として、貂蝉は、王允が礼をもって我が子のように自分を育ててくれたので、その恩返しができるならば、命をも投げ出す覚悟です、と述べています。つまり、「美女連環の計」における貂蝉の行動は、我が子のように自分を育ててくれた王允に対する「孝」であり、王允への報恩を形にしようとするものであったのです。

貂蝉が演義に高く評価される第一の理由はここにあります。演義の高い評価は、貂蝉の行動を育ての親に対する孝の実践と捉えたことに基づくのです。

しかも、貂蝉の孝の実践は、血の繋《つな》がりのない育ての親である王允に対して行われています。中国近世においては、実の父母に対して行われる孝が評価されることはもとより、血縁関係のない育ての親に孝を尽くすことは、より困難なことであるため、さらに高く評価される行為でした。それほどまでに高く評価される孝を尽くすために、貂蝉は「美女連環の計」を行って、自らの貞節を穢《けが》したのです。もちろん貞節を守らないことは罪ですが、あえてその罪を背負ってまで、貂蝉は王允に孝を尽くしました。演義は、第一にこれを評価しているのです。

演義が評価していることは、貂蝉の孝だけではありません。演義は総評のなかで、「貂蝉という女子を、どうして麒麟《きりん》閣《かく》や雲台《うんだい》に描いて、後世まで名を知らしめようとしないのか」と、貂蝉を「麒麟閣や雲台に描」くべきだと主張しています。麒麟閣とは、前漢の武帝《ぶてい》が麒麟を獲たときに造らせた高殿《たかどの》のことで、そこには宣帝《せんてい》が描かせた、霍光《かくこう》や蘇武《そぶ》など、前漢に忠義を尽くした十一人の像が飾られていました。また、雲台には、後漢の明帝《めいてい》が描かせた、鄧禹《とうう》をはじめとする後漢建国の功臣二十八人（「雲台《うんだい》二十八将《にじゆうはちしよう》」と呼ぶ）の像が掲げられていました。

麒麟閣や雲台に描かれている者は、いずれも漢に「義」を尽くした功臣たちです。すなわち、演義は、貂蝉を漢への「義」を尽くした功臣と認識しているのです。演義が貂蝉を高く評価する第二の理由は、ここにあります。

後漢が滅亡しようとしているとき、貂蝉は自らの身を穢して董卓を打倒し、漢を守りました。妻妾《さいしよう》よりも身分の低い歌伎でしたが、貞節への期待は小さくとも、国への思いを抱くことはできたため、身を穢して大業を成し遂げたのです。演義は、その行為を漢への義を尽くしたものと捉え、高く評価しているのです。

貂蝉の王允への孝の思い・漢への義の思いが、残虐無比な董卓を打倒したのです。その心根の美しさが、創作人物でありながら、貂蝉を中国四大美女のひとりに押し上げているのでしょう。

## 漢への義を尽くす女性たち

かかる演義の女性観は、貂蟬以外でも同様に見ることができます。その典型例が、物語の主人公である劉備の夫人たちです。

劉備は、生涯で四人の夫人と三人の妾《めかけ》を持ったことが正史に記されます。一人目の夫人は、劉備が呂布に徐州《じょしゅう》を奪われた際に子と共に捕虜とされた妻で、この妻子に関しては詳細が不明です。二人目の夫人は、一人目の夫人が呂布に捕らわれた際に迎えられた、糜竺《びじく》の妹の**糜夫人**《びふじん》です。三人目の夫人は、孫権《そんけん》との同盟関係のなかで娶《めと》った**孫夫人**《そんふじん》、四人目の夫人は、入蜀《にゅうしょく》後に迎えた呉夫人《ごふじん》（穆皇后《ぼくこうごう》）です。一方、妾で記録が残るのは、子を生んだ者だけです。名まで残っている者は、劉禅《りゅうぜん》を生んだ**甘夫人**《かんふじん》（昭烈皇后《しょうれつこうごう》）だけで、このほか劉禅の弟の劉永《りゅうえい》、劉永の弟の劉理《りゅうり》を生んだ妾がいましたが、名は残されていません。

演義の女性像として注目すべき者は、糜夫人（史実では「糜」、演義は「縻」の文字を用いる）と甘夫人、そして孫夫人です。

劉備は、漢の復興を目指しますが、その夫人たちは「義」によりそれを助ける役割を果たすよう、演義には描かれています。演義は、糜夫人が劉氏の後嗣、つまり劉禅を生き延びさせるために自身を犠牲にしたとの創作をし、他方で劉禅の正統性を守るために、本来は妾の甘夫人を正妻とする虚構を種本から踏襲しました。そして、両夫人の死後、劉備に迎えられた孫夫人には、劉備に殉死《じゅんし》する物語を付け加えていくのです。

孫夫人は孫堅《そんけん》の娘ですが、正史には名が記されません。演義は、その名を孫仁《そんじん》としますが、一般には、演劇での呼び名である孫尚香《そんしょうこう》として知られます。演義は、次のように殉死を描きます。「夷陵《いりょう》の戦いで劉備が呉の陸遜《りくそん》に敗れると、孫夫人は、劉備が戦いの最中に死んだという噂を信じる。そして、車を長江へと駆り出し、西を望んで慟哭《どうこく》するや、水の中に身を投げて命を絶つ」のです。この場面は、民間に伝えられていた『梟姫伝《きゅうきでん》』という小説を演義のなかに書き加えたものです。

孫夫人が実家のある呉にいるときに、夫である劉備の死を聞いて、蜀のある西の方角を見て慟哭して殉死することは、夫婦の「義」を貫こうとする孫夫人の強い意志を表現するものです。そして同時に、夫の劉備が、漢の復興のためにその生涯を捧げ、命を落としたことを聞いたあとに殉死が行われているため、劉備に殉じた孫夫人の行為は、漢への「義」を貫くことをも意味します。

演義は、貂蝉を王允の孝だけではなく、漢への義を貫く女性として描くのと同じように、ここでも夫への義と漢への義を貫く女性として、孫夫人を描いているのです。

# 第3章 曹操

――「姦」であるが「雄」と評された英雄

## 次代を切り開く

次代を切り開く曹操《そうそう》を初めて「姦《かん》」と評したものは、後漢《ごかん》末の人物批評家である許劭《きよしよう》です。曹操から人物評価を求められた許劭は、曹操を「**治世の能臣、乱世の姦《かん》雄《ゆう》**」と評価しました（『三国志《さんごくし》』武帝紀注引孫盛《そんせい》『異同雑語《いどうざつご》』）。

ここで興味深いのは、許劭が曹操を治世と乱世で評価が変わるべき人物と考えて、「乱世の姦雄」と評している点です。『三国志』より後世に編纂された『後漢書《ごかんじよ》』の許劭伝では、この評語は「乱世の英雄」と伝えられますが、能臣と英雄がともにプラスの価値となり、対句が破綻《はたん》するため表現として稚拙《ちせつ》ですし、英雄という評語では曹操の異才を表現しきれていないと思います。

新しい時代の価値観は、すべての人々に歓迎されるわけではありません。むしろ、先進的な価値を理解できる者は、ごくわずかです。袁紹《えんしよう》との天下分け目の官渡《かんと》の戦いの際ですら、曹操陣営には、自軍の勝利を信じない者がいました。となれば、大多数の一般人からは、曹操は「姦」であるが「雄」、すなわち、やり方は間違っているのに、

## 曹氏系図

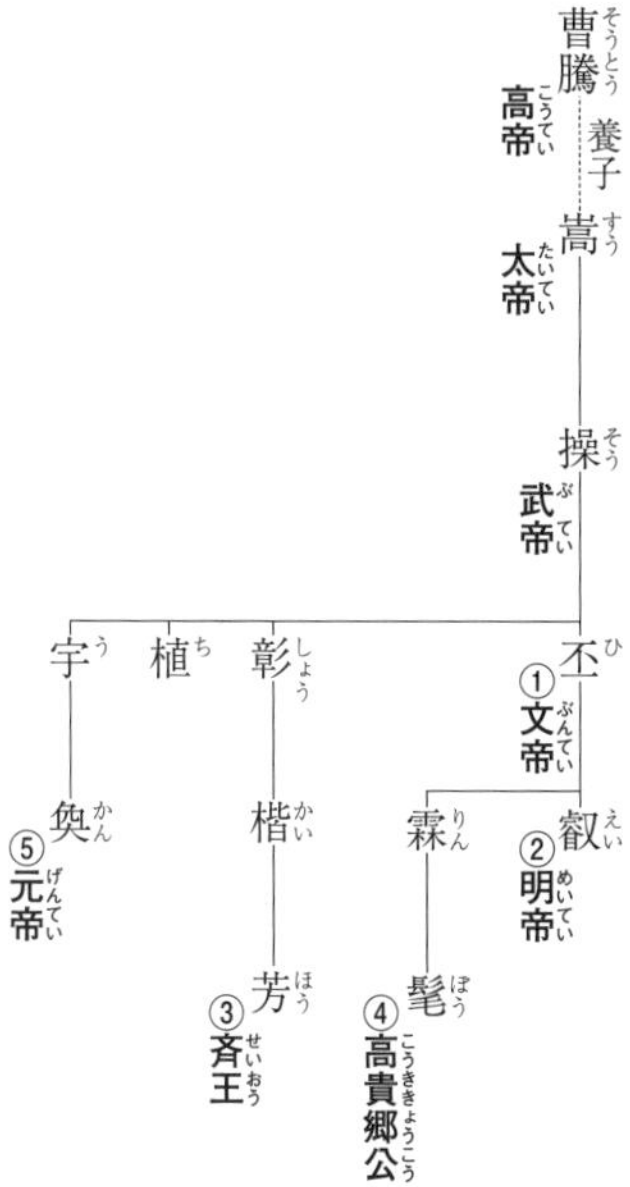

曹騰《そうとう》
高帝《こうてい》
養子
嵩《すう》
太帝《たいてい》
操《そう》
武帝《ぶてい》
丕《ひ》
①文帝《ぶんてい》
彰《しょう》
植《ち》
宇《う》
叡《えい》
②明帝《めいてい》
霖《りん》
楷《かい》
奐《かん》
⑤元帝《げんてい》
髦《ぼう》
④高貴郷公《こうききょうこう》
芳《ほう》
③斉王《せいおう》

その勢力は無視できない、と見られることになります。「姦雄」という言葉は、そうした曹操の手段と結果のアンビバレンスを見事に表現しているといえましょう。

また、曹操の評価を「姦」に定着したものには、漢の強い影響力を挙げることもできます。

漢は、秦《しん》が初めて中国の統一をしてから現代に至るまでのあいだで、最長の約四百年（前漢《ぜんかん》、前二〇二～後八年、後漢、二五～二二〇年）の長きにわたり、中国を統治しました。「漢」字や「漢」民族の語源となった中国を代表する国家なのです。

しかも、漢は、儒教《じゅきょう》により正統化されていました。後漢末の儒教では、たとえば何《か》休《きゅう》の『春秋公羊伝解詁《しゅんじゅうくようでんかいこ》』のように、孔子《こうし》は、漢の成立を予言し、漢のために『春秋』という経典を編纂した、と考えられていました。漢代の儒教は漢帝国のための宗教なのです。日本にも伝わった朱子学《しゅしがく》が教え（哲学・倫理）であることとは異なります。

三国時代の名士《めいし》たちは、幼少のころから「**聖漢**《せいかん》」を絶対視する宗教である儒教を学びます。その漢を滅ぼそうとしたのですから、曹操の行為は「姦」以外のなにものでもありません。

## 宦官の養孫

日本語で「噂をすれば影」というときに、中国語では「ひそひそ話をしていると、曹操がやって来る（説着曹操、曹操就到）」といいます。曹操は、悪口を聞き漏らさない油断ならぬ悪役として、いまも中国人のなかに生きているのです。

演義は「滅びの美学」を描いた文学です。漢の正統を継ぐ劉備《りゅうび》が建国し、神となった関羽《かんう》、庶民に大人気の張飛《ちょうひ》、知識人がその忠義を仰ぐ諸葛亮《しょかつりょう》が支えた蜀漢《しょくかん》の敗北を描く物語なのです。正義の陣営がこれだけ整うと、敵役《かたきやく》がしっかりしなければ締まりがなくなります。敵役として存分の悪知恵を働かせ、かつ人間としての魅力を溢《あふ》れさせる稀代《きだい》の悪役、それが曹操なのです。

ただし、『三国志演義《さんごくしえんぎ》』は、最初から曹操を「姦絶（姦の極み）」と位置づけていたわけではありません。たとえば、現行の毛宗崗《もうそうこう》本『三国志演義』が底本とした李卓吾《りたくご》本『三国志演義』までは、曹操の出自について、すべて悪と描くわけではありませんでした。正史の武帝紀および裴注《はいちゅう》に引く『続漢書《しょくかんじょ》』の記述を採用して、前漢・劉邦《りゅうほう》の功臣である曹参《そうさん》の子孫であり、曾祖父の曹節《そうせつ》（曹萌）が寛厚であったこと、祖父の曹《そう》騰《とう》が費亭侯《ひていこう》（費亭を領地とする諸侯）となったこと、父の曹嵩《そうすう》が忠義に厚かったことを叙述しています。

　これに対して、毛宗崗本『三国志演義』は、これらの話をすべて削除します。そして、曹嵩が夏侯《かこう》氏より異姓養子に入ったことのみを記して、かつこれを「冒姓（姓を冒《おか》す）」と批判するのです。唐《とう》代以降、異姓から養子をとることは律《りつ》（刑法）により禁止されていましたが、依然として明清《みんしん》時代にも続けられていました。しかし、それは悪である、という社会通念を利用して、演義は、初登場の場面から、曹操を貶《おとし》めているのです。

　たしかに曹操は、宦官《かんがん》の養子の子です。ただし、演義が強調するほど卑しい出自ではありません。「四世三公《しせいさんこう》」の袁紹には見劣りしますが、父の曹嵩は、三公の筆頭である太尉《たいい》に至っています。祖父の曹騰も、後漢の桓帝《かんてい》擁立に功績があり、宦官でありながら天下の賢人を皇帝に推挙し、広く交わりを結んだ有能な人物です。

　曹操の恩人となる**橋玄**《きょうげん》を見出した种暠《ちゅうこう》は、そのなかのひとりです。はじめ种暠は、曹騰に対する蜀郡太守《しょくぐんたいしゅ》の贈賄を摘発しており、曹騰の敵対者でした。しかし皇帝は、

「曹騰はまだ賄賂《わいろ》を受け取っていない」として、种暠の弾劾《だんがい》を無効とします。种暠は、曹騰の報復を恐れたことでしょう。ところが曹騰は、これを意に介さず、种暠が能吏《のうり》であることを称え続けました。种暠はのち司徒《しと》になると、「自分が三公になれたのは、曹常侍《そうじょうじ》（曹騰）のおかげである」と曹騰の恩を公言します。

种暠に抜擢《ばってき》された橋玄は、二十歳前の曹操の出世を積極的に支援して、師の恩を曹操に返すのです。

橋玄は曹操を「いま、天下は乱れようとしている。民を安泰に導くものは、君であろう」と評価します。そして「君にはまだ名声がない。許劭《きょしょう》と付き合うとよいであろう」といって、許劭を訪ねさせました。

許劭は、「三世三公」の出身です。宦官の養孫である曹操に好意的であったわけではありません。しかし、三公を歴任していた橋玄の紹介を無視できなかったのでしょう。曹操を「治世の能臣、乱世の姦雄」と評価します。

これを聞いた曹操は大いに笑ったといいます。演義は、これをそのまま採用し、「姦雄と称されて大いに喜ぶとは、まさしく本当の姦雄である」と評をつけ、曹操が自らも姦雄と認めていたことを強調します。

史実としては、評価を受けた曹操が笑ったのは、許劭の人物評価により、宦官の孫でありながら名士の仲間入りを承認されたことを喜んだ、と解釈することが正しいでしょう。こうして、曹操は、袁紹や荀彧《じゅんいく》・許攸《きょゆう》（官渡の戦いの際、袁紹から曹操に投降）も所属する何顒《かぎょう》の名士グループに参加することができたのです。

ちなみに物語では、大喬《だいきょう》・小喬《しょうきょう》の父を橋玄と同一人物とし、彼女たちの獲得を赤壁《せきへき》の戦いの目的のひとつとするものがあります。しかし、橋玄と曹操は四十歳以上離れており、ふたりが橋玄の娘であれば、赤壁のときには五十歳を超えていたはずです。このような無理な設定をするのは、橋玄の曹操への好意をうまく説明できないためでしょう。後漢を支えた大宰相の橋玄が、二十歳前の曹操に入れ込んだのは、師の种暠への恩返しのためであり、それは祖父曹騰の遺産なのでした。

## 猛政への指向

曹操は、橋玄を自分の理想としました。橋玄は、**寛治**《かんち》（寛容な支配）を採ることが多い後漢の官僚としては、例外的に豪族《ごうぞく》の不法を許さず、外戚《がいせき》・宦官とかかわりを持つ者であっても、その不法行為は必ず弾劾する**猛政**《もうせい》（厳しい支配）を採っていました。たとえば、末っ子を人質に立て籠もられた際には、躊躇《ちゆうちよ》する司隷校尉《しれいこうい》（首都圏長官）や洛陽令《らくようれい》（首都洛陽の県令）を叱咤《しつた》して誘拐犯を攻撃、犯人もろとも末っ子を落命させています。その厳しさがわかります。

橋玄は、その足で宮中に赴《おもむ》くと、「人質事件があった際には、人質を解放するために財貨を用いて悪事を拡大させせないようにいたしましょう」と上奏しました。当時、洛陽では人質事件が頻発していましたが、橋玄の断固たるこの処置により、人質事件は途絶えたといいます。

のちに袁紹から曹操に仕えた郭嘉《かくか》は、袁紹の寛治を批判していますが、一方で曹操が寛治で弛緩した政治を正すため、猛政を行っていることを高く評価しています。曹操が採用した法に基づく厳格な猛政、これは橋玄から受け継いだものなのです。

こうした厳しい法の運用を行う橋玄は、代々伝わる儒教の継承者でもありました。七代前の祖先・橋仁《きようじん》は、『礼記《らいき》』（礼の理念や具体的事例を説く儒教経典）の学問を集大成しています。その学問は「橋君学《きようくんがく》」と呼ばれ、橋氏の「家学《かがく》」として継承されていました。その一方で、橋玄は、桓帝《かんてい》の末、鮮卑《せんぴ》（トルコ系遊牧民族）・南匈奴《みなみきようど》（モンゴル系遊牧民族）・高句麗《こうくり》（ツングース系半農半猟民族）が中国に侵入すると、西北方面の異民族対策の総司令官である度遼将軍《どりようしようぐん》に抜擢され、三年のあいだ、職務に励み辺境に安定を取りもどしています。

代々の家学として儒教を伝え、門人に教授するほどの学識を持ちながら、戦場に出れば、鮮やかな采配を振るって敵を粉砕する。さらに、内政にも通暁して三公を歴任した橋玄は、まさに「入りては相《しよう》、出でては将《しよう》」といわれる理想的な「儒将《じゆしよう》」です。「矛《ほこ》を横たえて詩を賦《ふ》した」と称された曹操は、突如現れた異端児ではありません。自らを引き立ててくれた橋玄を理想とし、それに追いつき追い越そうと努力を重ねて、自らの姿をつくりあげていったのです。

曹操を受け入れた何顒もまた異才の人でした。そのグループ内に、袁紹・荀彧・許攸・曹操という、官渡の戦いを決する人々すべてを抱え、曹操を「天下を安んずる者」、宦官の一族との婚姻により評判を落としていた荀彧を「王佐《おうさ》の才」と高く評価しています。

ちなみに袁紹は、年長の何顒から「奔走の友」と同格に評されており、ふたりとは扱いが異なります。袁紹の名声の高さを理解できるでしょう。

## 孫子兵法

反董卓《とうたく》連合が形成されると、曹操は袁紹から行奮武将軍《こうふんぶしょうぐん》(「行」は代行の意)に任命されます。荀彧も許攸も袁紹の配下となったように、誰もが袁紹を仰ぎ見るなかで、済北相として反董卓連合軍に参加していた鮑信《ほうしん》と弟の鮑韜《ほうとう》は曹操の異才に気づき、「戦乱を収める者は君だ」と曹操に接近します。

袁紹が董卓と戦わないなか、曹操は洛陽への進撃を唱え、董卓の中郎将《ちゅうろうしょう》(将軍の下の武官)の徐栄《じょえい》と戦い、鮑韜ほか多数の死者を出して敗退しました。兵を失った曹操は、袁紹軍に合流するほかありませんでした。しかし、敗れたとはいえ、漢の復興のため董卓と戦ったことで、曹操の大義名分は際立ちました。これがのちに、献帝《けんてい》(後漢最後の皇帝)を擁立する正統性を支えることになり、また漢の護持を志す名士に曹操の存在を知らしめたのです。

こうした曹操の長期を見つめた戦い方は、その兵法研究の成果といえましょう。なかでも、曹操が『孫子《そんし》』につけた注は、以後、歴代の注を抑えて、『孫子』解釈の決定版となり、現在でも読み継がれています。

曹操の注の特長は、実際に戦った経験に裏打ちされて『孫子』が解釈されているところにあります。たとえば、「彼我《ひが》の兵力差が十倍以上であれば、（城攻めのような）包囲戦を行うことができる」という本文に対して、曹操は、次のような注をつけます。

下邳の戦い

「十倍という兵力差で敵を包囲するという原則は、敵味方の将軍の智能や勇猛さが同等で、将兵の士気・兵器の技術・武器の性能などがほぼ互角の場合である。それらが優勢なときには、十倍もの兵力差は不要である。わたしはたった二倍の兵力で下邳《かひ》城《じょう》を包囲し、呂布《りょふ》を生け捕りにした」

曹操は、学問として『孫子』に注をつけたわけではありません。机上の空論ではない実践性の高さが、他を寄せつけない説得力を生んでいるのです。

曹操が学んだ兵書は、『孫子』に留まりません。曹操は、自ら学んだ諸家の兵法書から抜き出した記述に、解説を加えました。それが『兵書接要《へいしょせつよう》』です。曹操配下の諸将は、これを参照しながら、作戦に従事しました。このため、統一的な作戦行動が取れたのです。

また、重要な任務をまかせる際、曹操は「軍令」を著して自ら策を授け、指示内容を書き与えました。これが、曹操不在の際にも、曹操軍が強かった秘訣なのです。

曹操は、袁紹のもとで雌伏《しふく》しながら、時を待っていました。

## 青州の黄巾兵

河北《かほく》を制圧していく袁紹を見て、鮑信は黄巾《こうきん》の盛んな河南《かなん》に出ることを勧めます。袁紹の許可のもと河南に出て、兗州牧《えんしゅうぼく》となった曹操は、青州《せいしゅう》の黄巾と激しく戦い、鮑信を失いました。裴注には、黄巾から曹操への降伏要求書も残されています。それほど苦戦していたのです。ところが、曹操は、黄巾と盟約を結び、兵三十万・民百万を帰順させました。こうした常識外の行動が、「姦」と呼ばれた理由でしょう。このなかから精鋭を集めたものが、曹操の軍事的基盤となった**青州兵**です。

あえて黄巾の勢力が強い河南に出ることにより、軍事的基盤として青州兵を得たことは、直後に程昱《ていいく》（のちに曹操の謀臣の代表格になる）が参入するなど、曹操への期待を高めました。ここに荀彧が加入します。名士本流の荀彧が袁紹を見限って曹操に従ったことは、多くの名士が集団に参加する契機となりました。

青州兵を軍事的基盤と成し得た曹操は、こののち経済的基盤となる屯田制《とんでんせい》をはじめ、自らの正統性を確立するため献帝を擁立します。これら三つの曹操の基盤のうち、演義は前二者にはあまり触れません。唯一、曹操が漢の実権を奪い、献帝を圧迫する姿だけを描き続け、その「姦」を強調していくのです。演義を見てみましょう。

時系列としては、呂布が徐州《じょしゅう》で曹操・劉備連合に滅ぼされた後のことです。劉備が曹操とともに帰還し、許都《きょと》に身を寄せると、曹操への対抗手段を得た献帝は、劉備を大歓迎します。漢帝室の系図を読み上げさせた献帝は、劉備を自分の叔父として皇《こう》叔《しゅく》と呼びました。

曹操はおもしろくありません。そこである日、献帝の狩りに同行した曹操は、天子

## 呂布討伐戦

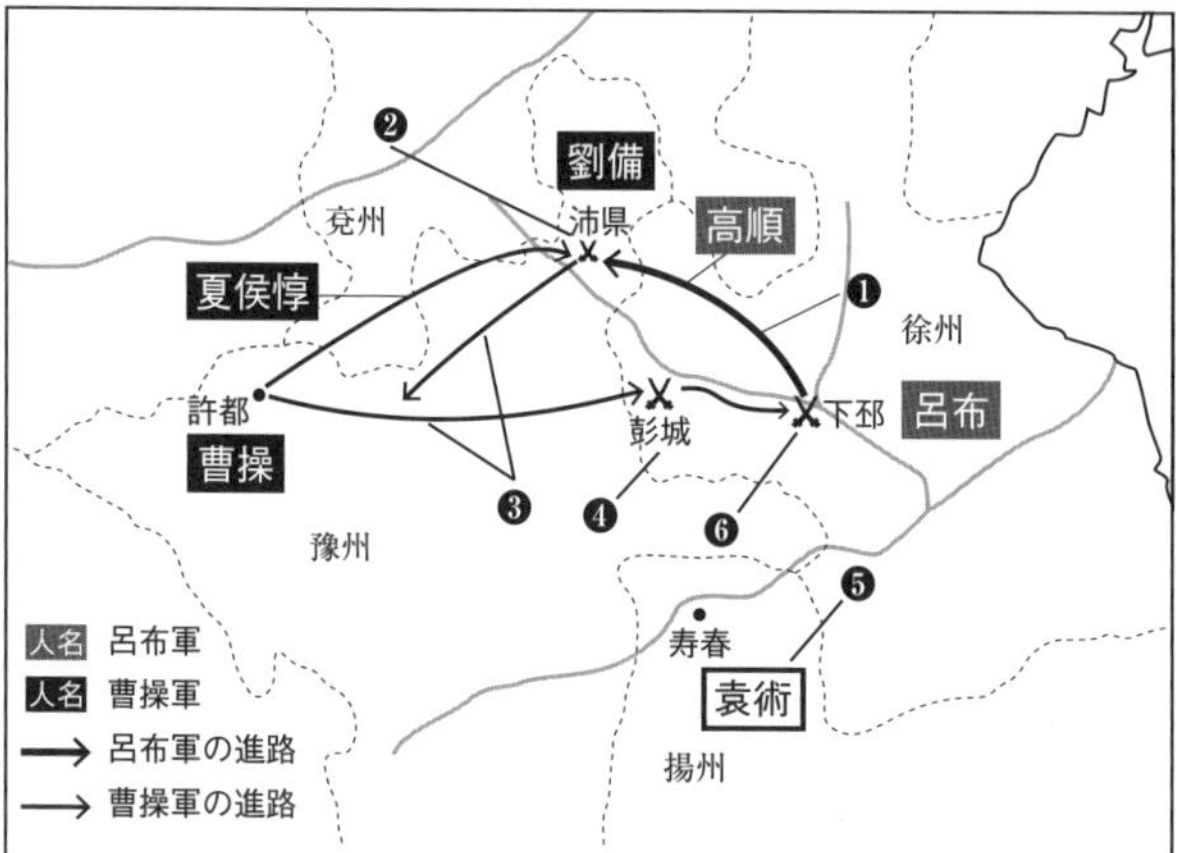


❶ 呂布が高順を派遣して劉備を攻撃

❷ 曹操は、夏侯惇を救援に向かわせるも、高順に敗北

❸ 沛城《はいじょう》が落城し、劉備は逃走。その途中、曹操軍と合流

❹ 彭城《ほうじょう》を破り、さらに下邳に進軍

❺ 呂布が救援を求めるが、袁術は応じず

❻ 呂布軍を包囲し、水攻めで破る。呂布、処刑される

の弓矢を取り上げて鹿を射て、万歳を唱える臣下の慶賀を天子を遮《さえぎ》って自分が受けたのです。臣下が顔色を変える、それを監視するためです。

これに最も憤った者は献帝でした。悲憤慷慨《ひふんこうがい》した献帝は、皇后の父である伏完《ふくかん》と相談し、曹操誅伐《ちゆうばつ》を命じた密詔《みつしよう》を縫い込んだ玉帯を車騎将軍《しやきしようぐん》（大将軍に次ぐ武官）の董承《とうしよう》に下賜します。董承は献帝の長安時代からの側近であり、またその娘を献帝の側室としていました。董承は、王子服《おうしふく》・馬騰《ばとう》（馬超の父）などの同士を集め、血盟を結びました。

劉備も見咎められました。万歳を受ける曹操に、関羽が斬りかかろうとしたのです。慌ててこれを抑えた劉備は、曹操の弓の腕前を褒めました。

やがて董承から密詔を見せられ、血盟に加わってからは、劉備は畑仕事に精を出して韜晦《とうかい》に務めました。しかし度が過ぎたのでしょう。曹操に呼び出された劉備は、「天下の英雄は、君とわたしだけだ」と探りを入れられます。あっと驚いた劉備は、思わず箸《はし》を落としますが、たまたま響いた雷鳴にかこつけ、その場をごまかすことができました。

二日後、劉備は袁術《えんじゆつ》（袁紹の異母弟、皇帝を僭称《せんしよう》した）を討つことを名目に曹操から離れ、袁術を憤死させると、そのまま徐州に居すわりました。曹操からの報復を恐れる劉備は、大学者の鄭玄《じょうげん》のとりなしで袁紹に救援を求め、袁紹は曹操討伐の兵を挙げます。

こうして官渡の戦いに向けた両雄の対決が始まるのです。

## 献帝擁立

演義では、曹操の「姦」を際立たせるため、悪事としてのみ描く献帝の擁立ですが、史実では、初めのうちは献帝にとっても、曹操にとっても、その擁立は重要な意味を持っていました。

これまで袁紹の勢力の及ばなかった河南の兗州に曹操が進出すると、袁術は曹操を攻撃します。迎え撃つ曹操は、匡亭《きょうてい》の戦いで袁術を大破し、九江《きゅうこう》まで追い詰めました。これに対して、徐州牧の陶謙《とうけん》が、曹嵩を殺して報復したのです。徐州を劉備に譲ったため、演義では良く書かれる陶謙ですが、史実では、名士を弾圧して商人を厚遇するなど、公孫瓚《こうそんさん》と同質の政権構造を有する袁術派でした。

文学者としても名を残す曹操は、感情豊かで、父の死に冷静な判断などできません。復讐のため徐州に侵攻し、民をも含めた大虐殺を行っていきます。これは曹操生涯の汚点となり、また名士の失望を招きました。

焦った曹操は、虐殺を批判した兗州名士の長老・辺譲《へんじょう》を殺害します。完全な逆効果でした。これに反発した兗州名士の陳宮《ちんきゅう》が、第二次徐州遠征の隙《すき》をつき、曹操の旧友・張邈《ちょうばく》と共に、呂布を引き入れ兗州で反乱を起こしたのです。

この曹操最大の危機に、拠点を死守した者は、荀彧、程昱と夏侯惇《かこうとん》（宗室の将軍。曹操の側近中の側近）でした。一年あまりをかけて兗州を回復した曹操に、荀彧が正統性の回復の切り札として提案したこと、それが献帝の擁立でした。曹操にとって、献帝を擁立することは、徐州大虐殺で失った名士からの支持を回復するため、必要不可欠なことでした。

同じころ、袁紹は献帝を擁立するようにとの配下の献策を却下していました。自らが擁立した皇帝を殺害することは、圧倒的な強さを持っていた項羽《こうう》が、義帝《ぎてい》を殺害したためにやがて劉邦に敗れたように、自滅を招くためです。そのため曹操は、自分の代には漢を滅ぼせなくなりました。それを承知のうえで、なお荀彧の進言に従ったの

建安元年ごろの群雄割拠

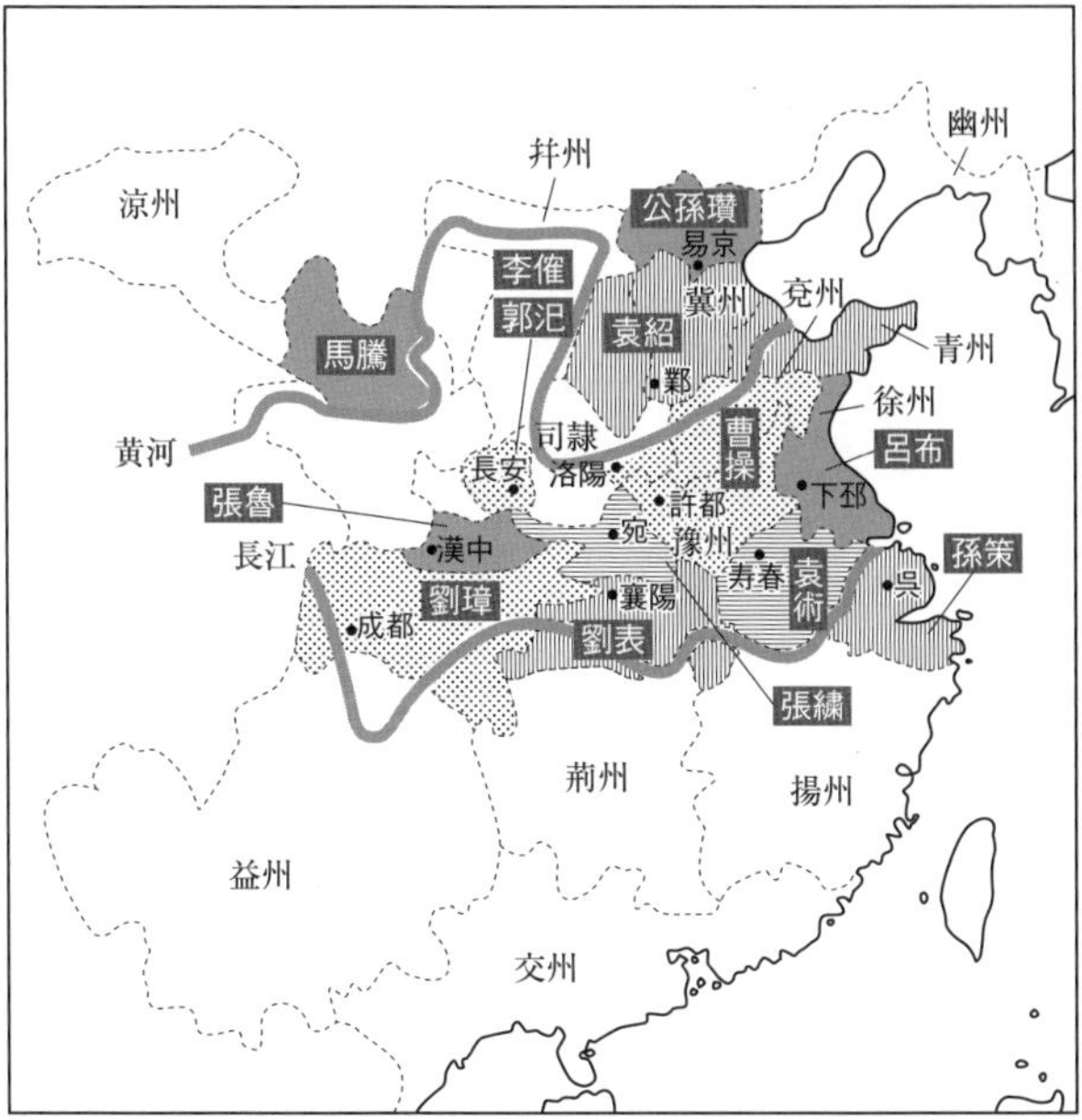

は、徐州での虐殺のため、そして新たな拠点の維持のための英断でした。守ってくれる者のない献帝にとっても、ありがたい決断でした。

曹操は、荀彧の勧めに従い、豫州潁川郡《よしゅうえいせんぐん》（荀彧の出身地）の許県《きょけん》に拠点を遷し、董卓の死後、長安で仲間割れを始めていた李傕《りかく》と郭汜《かくし》から逃れて、洛陽に帰還していた献帝を迎えます。曹操はこれにより、漢の復興を大義名分として名士の支持を回復することができたのです。

## 屯田制の導入

拠点を豫州に遷《うつ》した曹操は、権力の基盤である農民支配を確立するため、許の周辺で**屯田制**を開始します。

曹操までの屯田制は、兵糧を確保するため、駐屯地で軍隊が戦闘時以外に耕作を行う軍屯《ぐんとん》でした。軍屯は、中国の各時代のみならず世界各地で行われています。これに対して、曹操は、軍屯だけではなく、一般の農民に土地を与える民屯《みんとん》を行いました。これが、隋唐《ずいとう》の均田制《きんでんせい》の直接的な源流となる新しい制度であり、曹操の死後も財政を支え続けます。

これまでも、豪族の大土地所有により土地を失った農民が流民化し、社会が不安定になったため、土地の所有を等しくしようとする政策は、何回か試みられました。しかし、それらはすべて失敗しています。周の井田制《せいでんせい》をモデルとする、前漢の哀帝《あいてい》の限田《げんでん》制、新の王莽《おうもう》の王田制などがそれです。いずれも豪族の大土地所有を制限し、その土地を貧民に分配しようとするものでした。しかし、支配領域の有力者を殺して財産を分配すれば、統治が流動化する可能性があり、そもそも殺せる保証もありません。

そこで曹操は、豪族や名士の持つ大土地には手をつけず、戦乱で荒廃し放棄された土地を整備して流民を呼び寄せ、種籾《たねもみ》を与え、耕牛《こうぎゅう》を貸して、かれら自身に稼がせ、その収穫の六割を税として徴収しました。

社会が不安定である理由は、大土地所有者がいるためではありません。流民が生活できないからです。かれらが安定した資産を持てば、共産主義のような平等は必要ありません。これが曹操の時代を創造する新しさなのです。

加えて曹操は、税制も改革していきます。漢代では、人を単位として税金を等しく徴集していましたが、それは田租《でんそ》（土地税、収穫量の三～一〇％）と算賦《さんぷ》（人頭税、一人あたり銅銭一二〇銭）に分かれていました。このほか兵役・雑役が課されましたが、税の中心は算賦でした。しかし、この当時、貨幣経済は農村には浸透しておらず、納税のため穀物から貨幣へ交換する際に大きな負担が生じていました。

曹操はそこで、田租を一定量に固定するとともに、**戸調**《こちょう》と呼ばれる戸ごとに布を徴収する人頭税を導入して、算賦を廃止しました。戸ごとに徴税すれば、戸籍がある程度不備であっても、徴税は可能となります。こうして、人口の流動化に伴う戸籍の崩壊、貨幣の退蔵に伴うインフレ・景気後退に対応した税制を整備していくのです。

官渡の戦い

このように曹操は、献帝という政治的正統性、青州兵という軍事的基盤、屯田制という経済的基盤を兼ね揃え、天下分け目の戦いに赴きます。それが、建安《けんあん》五（二〇〇）

年、官渡の戦いです。

苦戦のすえ勝利をおさめた曹操は、病死した袁紹の遺児を分断しながら、建安十二（二〇七）年までに河北を統一します。天下統一は目前でした。しかし、建安十三（二〇八）年、赤壁の戦いに敗れ、以後、曹操は中国統一よりも、国内の改革と曹魏《そうぎ》の基本を構築することに重点を置いていきます。

## 赤壁の敗因

曹操が赤壁で敗れた原因は、いくつか挙げることができます。

第一に、油断です。これまで、黄河流域の中原《ちゅうげん》の覇者が中国を統一するのは常識でした。曹操は、河北を統一して、『孫子』に基づき降伏工作を重ねていけば、戦わずに荊州《けいしゅう》、さらには揚州《ようしゅう》を支配できると考えていたようです。

実際、そう考えるだけの状況が整っていました。荊州の劉表《りゅうひょう》政権を支えていた蔡《さい》瑁《ぼう》とは孝廉《こうれん》（郷挙里選《きょうきょりせん》と呼ばれる官僚登用制度の科目名）の同期として旧知でした。劉表危篤の情報もそこから得たのだと思います。劉表死後、蔡瑁は遺子・劉琮《りゅうそう》を立て、州を挙げて曹操に降伏します。荊州だけではなく、益州《えきしゅう》からは、劉璋《りゅうしょう》（後漢の宗室）が曹操に恭順の意を示すために軍隊を派遣していました。揚州《ようしゅう》の孫呉《そんご》には、張昭《ちょうしょう》（孫《そん》権《けん》配下の北来名士の中心）だけではなく、孫賁《そんふん》（孫権の一族。娘が曹操の子に嫁ぐ）にも内応を求めています。

戦わずして勝つことは、『孫子』の理想です。曹操はそれに向けて入念な下準備をし、かつそれはほとんど実を結びかけているかのように見えました。だからこそ、**黄蓋《こうがい》の偽降**を信じて、火攻めに敗れたのです。

曹操が敗れた第二の理由は、慣れない水戦にあります。これまでの中国史では、戦いは騎兵を切り札とする陸戦で決するものでした。長江流域の勢力が、黄河流域の勢力を水戦で破ったことは、赤壁の戦いが初めてのことです。

華北を中心とした黄巾の乱、および折からの地球規模での気候変動による寒冷化は、長江流域の人口を増加させ、その国力を大きく発展させていました。これにより大規模な水軍の編成が可能となり、長江を利用した防衛線を築くことができたのです。

曹操が船での戦いを強いられたのは、このためです。これが、長江中下流域を支配する孫呉、上流域を支配する蜀漢が、曹魏に対抗できた理由でした。

演義における赤壁の戦い

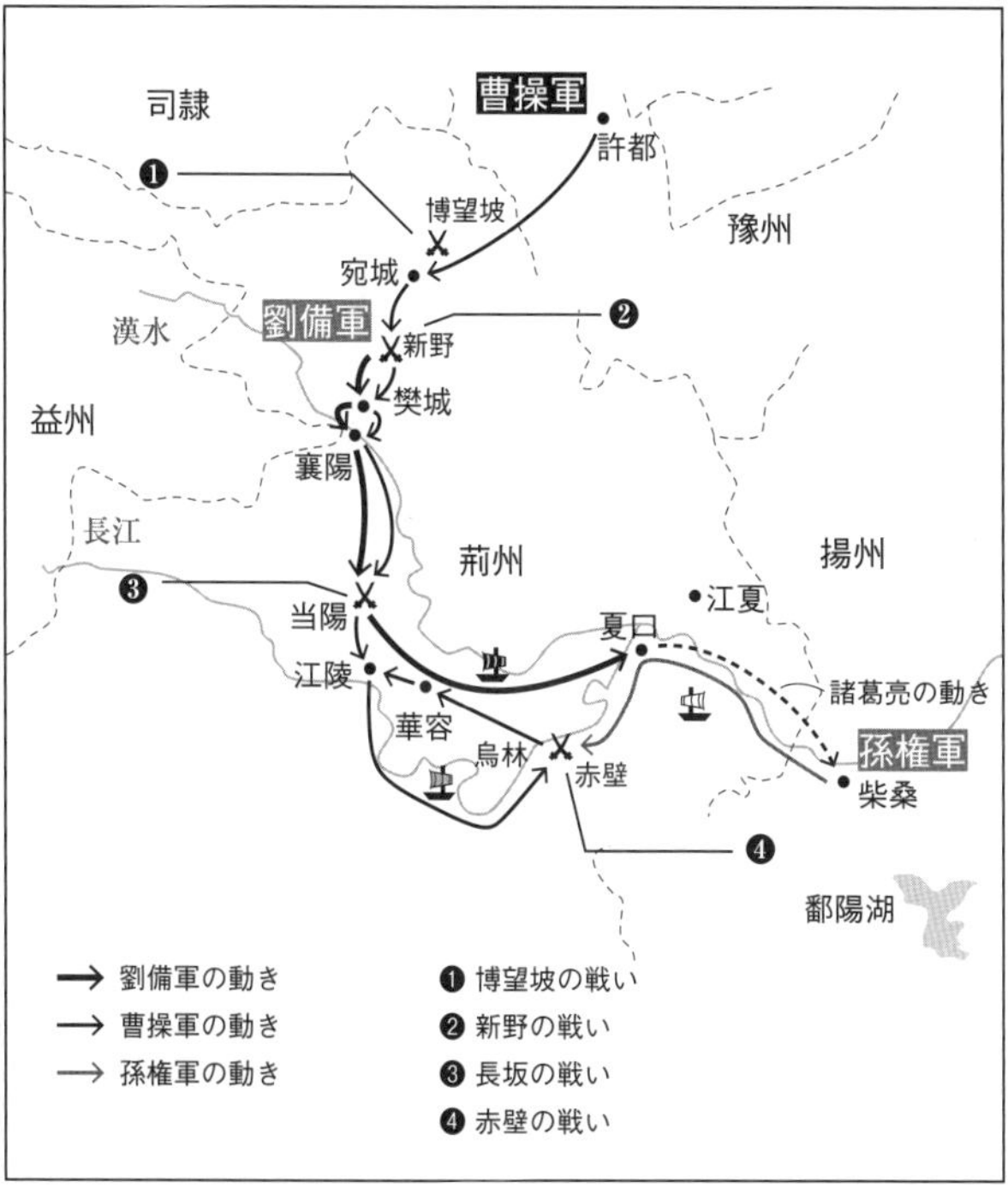

## 漢と儒教への挑戦

こうしたなか、曹操は、新たな時代に対応するため、新たな制度を創造していこうとします。そのためには、漢、そしてそれを支えている儒教が障害でした。

曹操が掲げた人材登用の方針である**唯才主義**《ゆいさい》は、儒教的価値基準に基づく漢の官僚登用制度への批判でした。漢の郷挙里選は、人間として優れていること（孝行・廉潔）が、そのまま官僚としてふさわしい人間であることを前提としています。孔子も、「君子は親に仕えて孝を尽くす。だから、（父母に仕える孝を）移して君主に仕えると、君主に対する忠となる」と『孝経』《こうきょう》広揚名章《こうようめい》で述べていました。これに対して、曹操は、陳平《ちんぺい》（前漢の劉邦の功臣）のように兄嫁と密通し、賄賂を受ける者であっても、唯《ただ》才能だけを基準として人材を登用する、と宣言して、君主権力確立のための人材を求めたのです。

さらに曹操は、さまざまな文化のなかで、儒教だけが価値を持つものとする後漢「儒教国家」の価値基準を相対化させるため、文学を高く評価しました。漢の儒教は、

「聖漢」のみを正統化していたためです。

たとえば、何休（後漢末の儒者）は『春秋公羊伝解詁』の哀公《あいこう》十四年で、「（麒麟《きりん》の時ならぬ出現を聞いた）孔子は、仰いで天命を推し量り、伏して時変を察し、はるかに未来まで見通し、前もって永遠の彼方を理解して、漢が大乱のあとを引き継ぐことを知ったので、乱を収めるための法をつくって（『春秋』に書き記し）、漢に授けた」と説明しています。こうした儒教の価値観を相対化することは、漢を滅ぼし、魏を建国する準備のため、必要不可欠なことでした。

## 建安文学を興す

なお、曹操には、文学以外にも、儒教を相対化する選択肢がありました。後漢の明《めい》帝《てい》期（一世紀）に伝来した仏教は、江南《こうなん》を中心に教線を拡大しようとしていました。また、道教《どうきょう》の起源となる五斗米道《ごとべいどう》の教祖である張魯《ちょうろ》は、曹操を「真人《しんじん》」（儒教の聖人と同義）と称して迎合してきました。しかし、曹操がこれらを選択しなかったのは、君主権力とは別に宗教的権威が並存することを嫌ったためでしょう。

文学は、儒教一尊の後漢では、文化として尊重されていませんでした。曹操は、中国史上最初の自覚的文学活動として**建安文学**《けんあんぶんがく》を創設し、漢の滅亡や二袁（袁紹・袁術）の討伐、自らの施政方針などをうたい、曲にのせて唱和させました。

### 短歌行《たんかこう》（其の一）

対酒当歌　人生幾何
譬如朝露　去日苦多
慨当以慷　憂思難忘
何以解憂　唯有杜康
青青子衿　悠悠我心
但為君故　沈吟至今
呦呦鹿鳴　食野之苹
我有嘉賓　鼓瑟吹笙
明明如月　何時可輟
憂従中来　不可断絶

酒に対《むか》へば当《まさ》に歌ふべし　人生 幾何《いくばく》ぞ
譬《たと》へば朝露の如《ごと》し　去日は苦《はなは》だ多し
慨《なげ》きて当に以《もつ》て慷《いた》むべし　憂思《ゆうし》 忘れ難し
何を以てか憂ひを解かん　唯《た》だ杜康《とこう》 有るのみ
青青たる子《きみ》が衿《えり》　悠悠《ゆうゆう》たる我が心
但《た》だ君の為の故に　沈吟《しんぎん》して今に至る
呦呦《ようよう》と鹿は鳴き　野の苹《よもぎ》を食《くら》ふ
我に嘉賓《かひん》有らば　瑟《ひつ》を鼓《こ》し笙《しょう》を吹かん
明明 月の如きも　何《いず》れの時にか輟《ひろ》ふ可き
憂ひは中より来《きた》り　断絶す可からず

越陌度阡　枉用相存
契闊談讌　心念旧恩
月明星稀　烏鵲南飛
繞樹三匝　何枝可依
山不厭高　水不厭深
周公吐哺　天下帰心

陌《ひやく》を越へ阡《せん》を度《わた》り　枉《ま》げて用《もつ》て相存《あいそん》せよ
契闊《けいかつ》して談讌《だんえん》し　心に旧恩《きゅうおん》を念《おも》はん
月　明らかに　星　稀《まれ》にして　烏鵲《うじゃく》　南に飛ぶ
樹を繞《めぐ》ること三匝《めぐ》り　何の枝にか依る可き
山は高きを厭《いと》はず　水は深きを厭はず
周公　哺《ほ》を吐きて　天下　心を帰せり

傍線部の鹿鳴《ろくめい》は、日本が明治時代に外国からの賓客《ひんきゃく》を招く館を「鹿鳴館」と名付けた語源ですが、それは『詩経《しきょう》』の鹿鳴という宴会で賓客をもてなす詩を典拠としています。注目すべきは、曹操の文学が、全く新しい価値として始められたものではなく、儒教の経典を踏まえたものである点です。幼少のころから、儒教経典を暗記してきた名士たちは、「鹿鳴」という言葉を聞いただけで、これが曹操が賓客を広く歓迎する、つまり人材を殊更に重んじるという自らの姿勢を読んだ詩であることがわかりました。

このように曹操の詩は、儒教経典の『尚書』の「詩言志（詩は志をいう）」を典拠とする、自らの志を表白するものでした。

亀雖寿《きすいじゆ》

神亀雖寿　猶有竟時
騰蛇乗霧　終為土灰
老驥伏櫪　志在千里
烈士暮年　壮心不已
盈縮之期　不但在天
養怡之福　可得永年
幸甚至哉　歌以詠志

神亀《じんき》は寿《いのちながし》と雖《いえど》も　猶《な》ほ竟《をわ》る時有り
騰蛇《とうじや》は霧《きり》に乗るも　終《つい》に土灰《どかい》と為《な》る
老驥《ろうき》櫪《うまや》に伏《ふ》すも　志《こころざし》は千里に在り
烈士《れつし》は暮年　壮心《そうしん》已《や》まず
盈縮《えいしゆく》の期《とき》は　但《た》だ天に在るのみならず
怡《こ》の福を養はば　永年を得る可し
幸ひ甚しく至る哉《かな》　歌ひて以て志を詠《うた》はん

曹操五十三歳の詩である「亀雖寿」は、前半では運命論を提示します。生あるものには必ず終わりが来るとの諦観がそこに描かれます。そして、後半においてそうした運命をも乗り越えるものとして意志の力を提示し、これによって「永年」をもつかみうる可能性を宣言したものです。曹操の力強い「志」をここに感じることができるでしょう。

さらに、曹操は文学を人事基準にも据えようとしました。これは、唐代の科挙《かきょ》の進《しん》士《し》科《か》へと継承されるものです。

しかし、その試みが達成されることはありませんでした。文学宣揚は、文学的才能に秀でる曹植《そうち》（曹操の三男）を打倒して後継の地位を得た曹丕《そうひ》（のちの魏の文帝）によって、終焉を迎えます。即位後の曹丕が導入した官僚登用制度である九品中正《きゅうひんちゅうせい》制度は、その運用の根底に孝を置く、儒教的価値基準に基づくものとなりました。

それでも、曹操の文学宣揚が儒教に与えた衝撃は大きく、儒教は、「聖漢」の永遠を説く経義から革命を容認するものへと変容していきます。このため曹丕は、漢魏革命（漢から魏への国家の交代）を儒教で正統化し、官僚登用制度も儒教的価値基準により運用することにしたのです。

## 超世の傑

正史を著した陳寿《ちんじゅ》は、曹操を「超世《ちょうせ》の傑《けつ》」と評しています。時代を超えた英雄として、陳寿は曹操を高く評価しているのです。

曹操は、時代を変革する力を持っていました。屯田制や戸調といった田制・税制は、均田制・租庸調制へと発展することで、隋唐律令《りつりょう》制度の起源となっています。曹操の時代を変革する力によって、隋唐帝国は魏晉南北朝の分裂を乗り越え、五千万人を支配する古典国家を再編することができたのです。その制度の基本は、曹操が定めたものでした。

演義は、その曹操を「姦絶」として悪役に据えました。それが文学としての奥行きを深くしたことはいうまでもありません。その際、注目すべきことは、演義だけではなく、許劭が曹操を「乱世の姦雄」と評したように、曹操に接した人々も、曹操の革新性を「姦」と感じたことです。

あまりにも先進的なものに接したとき、人々はその先端性に必ずしもついていけません。曹操の周囲で、曹操の志を心底理解できた者はどのくらいいたのでしょうか。曹操の覇業に最も貢献した荀彧ですら、最期は曹操と袂を分かち、死に追い込まれました。それでも曹操は、自らの志を曲げることはしませんでした。それが「老驥櫪に伏すも、志は千里に在り（老いた千里を走る馬は、その身は馬屋に横たわれども、志は千里の彼方を走る）」という言葉に迫力を与え、われわれの心を打つのでしょう。

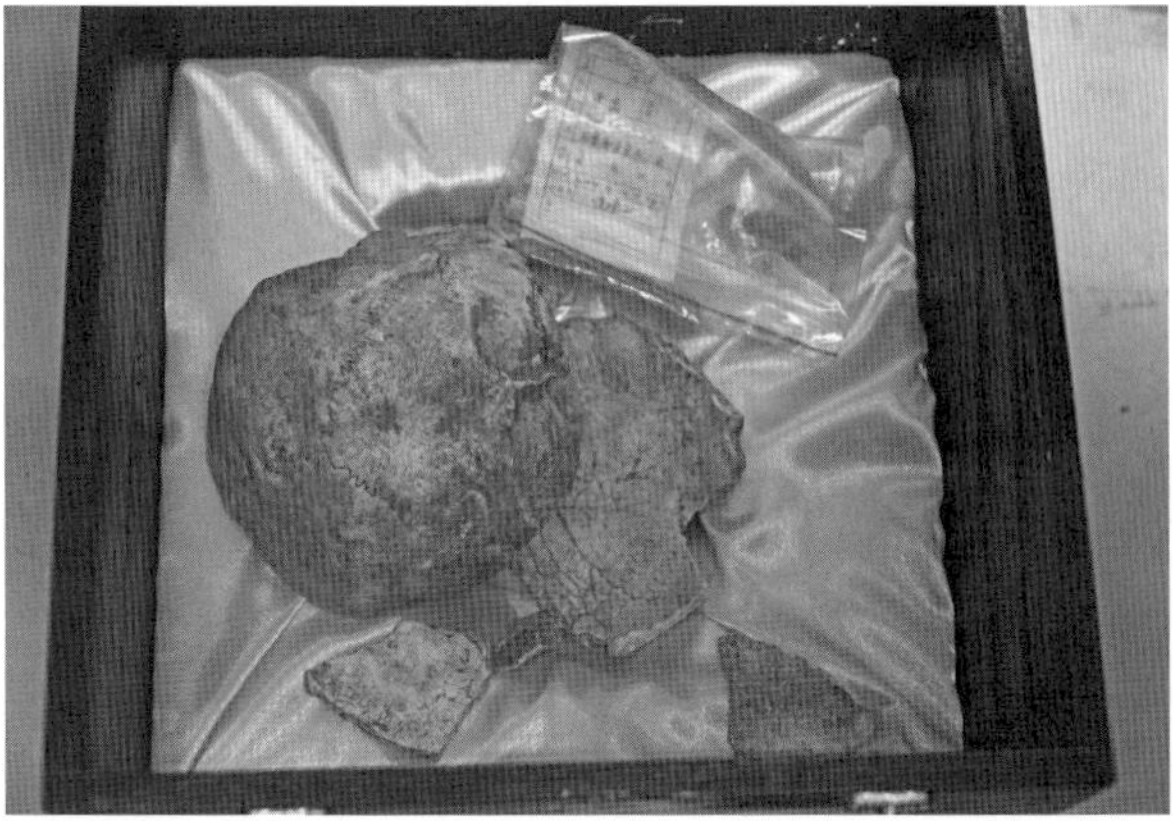

曹操の頭蓋骨

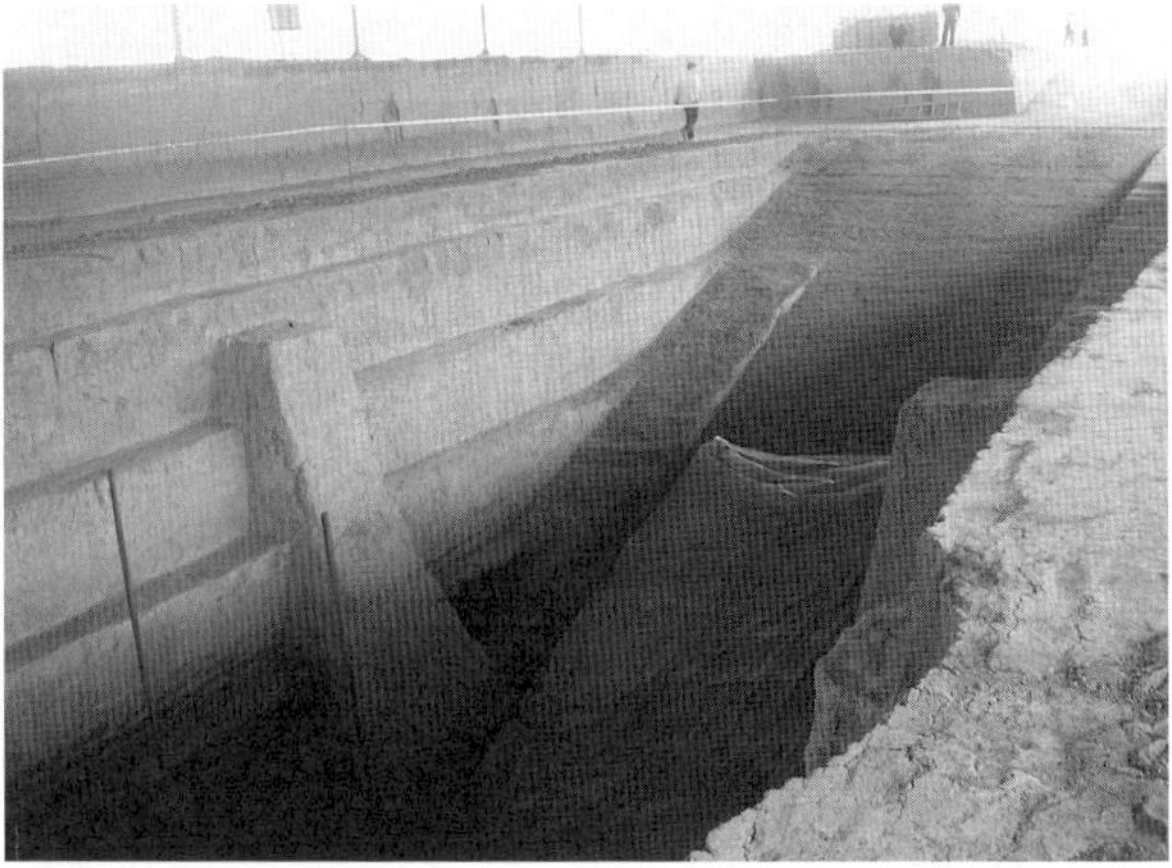

曹操高陵（安陽市、現在調査が進められている）

# 第4章 袁紹

――「寛」によって身を滅ぼした袁家の御曹司

## 汝南の袁氏

時代の変革者・曹操《そうそう》の前に立ちはだかった者は、後漢《ごかん》随一の名門出身である袁紹《えんしょう》でした。後漢の最高行政官は、**太尉《たいい》・司徒《しと》・司空《しくう》**の三公《さんこう》です。もっとも、外戚《がいせき》は大将《だいしょう》軍《ぐん》（最高の武官）として録尚書事《ろくしょうしょじ》（政権担当者が兼ねる官）を兼ね、軍事と実際の行政の中心であった尚書台《しょうしょだい》を把握していましたので、三公が本当の意味での最高官ではありません。それでも、三公の下に九卿《きゅうけい》と呼ばれる大臣が置かれる外朝《がいちょう》こそ、本来的な後漢の中央政府であったため、四世代にわたって宰相の三公を輩出した「汝南《じょなん》の袁氏《えんし》」（袁紹は汝南郡出身。名家は郡名と共に呼ばれ、それを郡望《ぐんぼう》といいます）は、後漢で最高の家柄でした。

　これに匹敵する「四世《しせい》三公」の家は、「弘農《こうのう》の楊氏《ようし》」しかありません。三国時代では、天才で知られる楊脩《ようしゅう》（曹操の部下、のち殺される）が生まれた家です。のちに、隋《ずい》の帝室は、自ら「弘農の楊氏」の出自であると称します。鮮卑《せんぴ》族と漢族が融合した胡漢《こかん》融合勢力である関隴《かんろう》集団（関中《かんちゅう》と隴西《ろうせい》の出身者の総称）出身の隋は、漢の最高の名門

## 袁氏系図

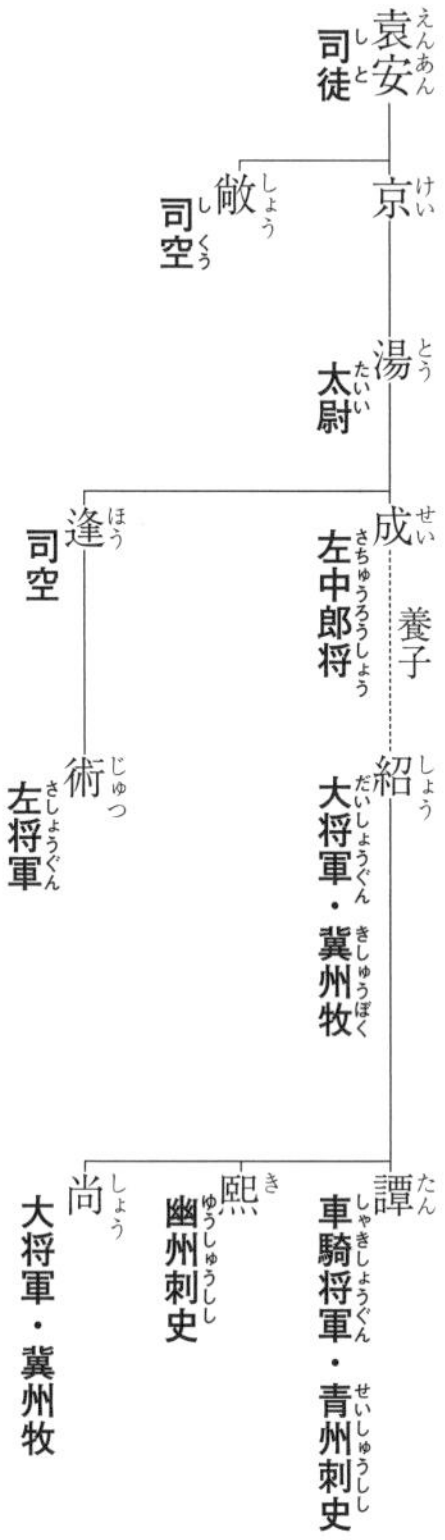
袁安《えんあん》
司徒《しと》
京《けい》
敞《しょう》
司空《しくう》
湯《とう》
太尉《たいい》
成《せい》
左中郎将《さちゅうろうしょう》
逢《ほう》
司空
養子
紹《しょう》
大将軍《だいしょうぐん》・冀州牧《きしゅうぼく》
術《じゅつ》
左将軍《さしょうぐん》
譚《たん》
車騎将軍《しゃきしょうぐん》・青州刺史《せいしゅうしし》
熙《き》
幽州刺史《ゆうしゅうしし》
尚《しょう》
大将軍・冀州牧

であった「弘農の楊氏」に自らの祖先を重ねたのです。ちなみに、曹操を評価した許《きょ》劭《しょう》は「三世三公」、揚州《ようしゅう》随一の名家である周瑜《しゅうゆ》は「二世三公」の家柄です。「四世三公」の偉大さが理解できるでしょう。

しかも、嫡子《ちゃくし》の袁術《えんじゅつ》が、家柄を笠に着て奢《おご》り高ぶったことに対して、庶子《しょし》の袁紹は、よく士にへりくだり、その意見を尊重したので、多くの名士《めいし》を配下に集めました。荀《じゅん》彧《いく》も郭嘉《かくか》も、初めは袁紹に従っていました。

戦略にも誤りはありませんでした。袁紹は、黄河より南にある汝南郡（河南省平輿《へいよ》県）を故郷としますが、あえて河北《かほく》を拠点としました。これは後漢を建国した光武《こうぶ》帝《てい》・劉秀の戦略を踏襲したものです。

「幽州突騎《ゆうしゅうとっき》」と呼ばれる烏桓族《うがんぞく》の騎兵を備える幽州《ゆうしゅう》、「冀州強弩《きしゅうきょうど》」と呼ばれる騎兵に対抗できる弩兵《どへい》（弓より大型な弩を主力兵器とする歩兵）を主力とする冀州《きしゅう》のほか、并州《へいしゅう》にも多くの異民族が居住する河北は、強力な兵馬を整えられる軍事拠点でした。また、黄巾《こうきん》の乱で打撃を受けていたにもかかわらず、なお十分な兵糧を供給できる経済力も持っていました。最も異民族が多い涼州《りょうしゅう》を背後に持つ軍事拠点の長安《ちょうあん》が、すでに董卓《とうたく》に占領されている状態では、冀州を足掛かりに河北を基盤とし、天下を統一するという袁紹の戦略は、まさしく王道でした。ただし、それは誰もが考えつく凡庸《ぼんよう》な策でもありました。

それでも、袁紹は、曹操に袁術が敗れたあとにも、順調に勢力を拡大していきます。建安《けんあん》四（一九九）年には、幽州に拠る公孫瓚《こうそんさん》を滅ぼし、河北四州を支配しました。一方、曹操は、建安元（一九六）年に献帝《けんてい》を擁立して以来、天子を差し挟んで天下に号令する地位を得ています。

建安四（一九九）年より建安五（二〇〇）年、両者の天下分け目の戦いが行われます。関羽《かんう》が活躍する白馬《はくば》の戦い、袁紹が敗退する官渡《かんと》の戦いです。

## 優柔不断で好機を逃す

演義に描かれる袁紹は、優柔不断な名家の御曹司ですが、その人物像は正史と大差ありません。白馬の戦いの直前、腹背に敵を持つことを嫌った曹操は、袁紹の優柔不断を見越して、袁紹を捨て置き、自ら大軍を率いて劉備《りゅうび》を徐州《じょしゅう》に征討《せいとう》します。

不意を衝かれた劉備は、孫乾《そんけん》（劉備古参の文人）を使者として袁紹に救援を求めますが、袁紹は末っ子の病気を理由に出兵しません。袁紹の軍師である田豊《でんほう》は、杖で地面を叩きながら、「かかる好機にめぐり合いながら、赤子の病気ぐらいで、せっかくの機会を逃すとは。ああ大勢は去った。惜しいことだ、惜しいことだ」と地団駄《じだんだ》を踏みます。

演義は総評で、「天下を狙う者は、家を顧みない。劉備は前に呂布《りょふ》に敗れると、妻子を捨てて顧みず、いま曹操に敗れると、また妻子を捨てて顧みなかった。高祖・劉《りゅう》邦《ほう》が呂后《りょこう》を項羽《こうう》に委ねたことと、まさに同じである。かの袁紹は、家への情が重く、子どもに恋々としており、どうして大事を成すことができようか」と劉備に比較しながら、袁紹を批判しています。

この場面の前半、曹操が袁紹の優柔不断を見抜いて劉備を征伐《せいばつ》することは、正史および裴注《はいちゅう》に引く『傅子《ふし》』に基づきます。また、後半の子どもの病気を理由に出兵しなかったことも正史に見えます。優柔不断であったとすることは、史書も同じなのです。

しかし、史書は、『演義』に描かれない袁紹の優れた点も伝えています。

袁紹に仕えながら、その才能に見切りをつけ、曹操に仕え直した荀彧は、天下分け目の官渡の戦いの際に、ふたりを次のように比較しています。

「袁紹は鷹揚《おうよう》に構えているが猜疑心《さいぎしん》が強く部下の心を疑うが、曹公は適材適所である（①**度量**）。袁紹は優柔不断で謀略を用いる機会を逃すが、曹公は決断力に富む（②**謀略**）。袁紹は軍令を行き渡らせず兵力を使いこなせないが、曹公は信賞必罰《しんしょうひつばつ》なので兵士が死ぬ気で戦う（③**武略**）。袁紹は名門を鼻にかけ教養をひけらかして評判ばかり気にするが、曹公は質素に振る舞い功績をあげたものに賞を惜しまない（④**徳行**）。この四点に優る曹公が、天子を奉じて正義の戦いを起こすのであるから、袁紹に負けるはずはない」と正史の荀彧伝に記されています。

歴史は勝者の記録です。したがって、荀彧の分析によれば、袁紹は、①唯才主義の人事を行わず、②決断力に欠け、③法術主義を採らず、④議論ばかり好む能無しを集めたことになり、官渡で敗退したことも必然に思えます。しかし、敗者の側から歴史を見れば、平時であれば称えられたはずの、袁紹の安定性が見えてきます。

袁紹は、①名士の意向を尊重する人事を行い、②名士の意見を広く聞き、③儒教《じゅきょう》に従い、④名士の名声を尊重したのです。平時であれば立派な君主といえましょう。その証拠に、袁紹の支配は安定し、曹操も当初、袁紹の弟分として自己の勢力を拡大していました。官渡の戦いのあとに、曹操の部下から袁紹への降伏《こうふく》文書が多数発見されたように、曹操陣営のなかでも、袁紹の勝利を予想する者は少なくなかったのです。
しかし、袁紹は敗退します。時代が袁紹を必要としなかったのです。求められていたものは、漢が四百年に及ぶ支配により形成した巨大な価値観が、董卓によって破壊されたあと、新しい時代の価値観をつくりあげる者でした。それは、後漢「儒教国家」の支配方法をそのまま継承していた袁紹には不可能なことなのでした。

## 寛猛相済

荀彧と同じく袁紹から曹操に仕え直した郭嘉は、曹操と比較しながら袁紹を批判するなかで、後漢末の政治が「寛《かん》」に過ぎて行き詰まったにもかかわらず、袁紹は寛治《かんち》による支配を繰り返して失敗している、と分析しています。これに対して、曹操は混乱を正すために「猛《もう》」政を行っており優れている、とするのです。

後漢「儒教国家」の章帝《しょうてい》（第三代皇帝）期より本格化した寛治は、『尚書《しょうしょ》』堯典《ぎょうてん》の「五教在寛（五教《ごきょう》 寛《かん》に在り）」を典拠としながら、大土地所有を行う豪族《ごうぞく》を弾圧せず、儒教を媒介として利用する支配方法です。儒教を国家の支配理念としていない前漢《ぜんかん》・

武帝《ぶてい》期に行われた法治は、官僚が法律を厳しく適用して豪族を弾圧する支配でしたが、豪族の抵抗を受け、やがて行き詰まり、王莽《おうもう》による前漢の簒奪《さんだつ》の一因となりました。そこで、後漢「儒教国家」を確立した章帝《しょうてい》は、寛治を推進したのです。

後漢では、人口三十万人程度の郡《ぐん》を支配する太守《たいしゅ》に、一年に一名ずつ、キャリア官僚のスタートラインである郎《ろう》に就く者を察挙《さつきょ》（推薦）させる官僚登用制度を採っていました。これが郷挙里選《きょうきょりせん》です。寛治は、これを利用し、豪族の規制力を郡への支配に利用する統治方法です。

郷挙里選では、儒教の徳目である「**清**《せい》」「**廉**《れん》」「**仁**《じん》」「**孝**《こう》」といった名声を持つ者を察挙します。たとえば、国家の課税が農民を苦しめたとき、その一部を豪族が負担します。すると豪族は、民の苦しみを救う「仁」に基づき、自らの財産を与える「清」を体現したことになります。郡守は、税を負担した豪族を郷挙里選に察挙することで、言わば税を肩代わりさせる方向へ豪族を誘導して、郡への課税を漏れなく集めて民を労《いたわ》ります。これが寛治です。

あるいは、郡府（郡の役所）の属吏《ぞくり》は、大部分が豪族の出身でした。そこで、郡太守は、属吏をなるべく罰せず、属吏を輩出している豪族の意向に沿った政治に努めていきます。これも寛治です。

このような寛治は、豪族に歓迎され、儒教を深く浸透させることに力がありました。しかし、外戚・宦官《かんがん》が一族や関係者で郷挙里選を独占していくと、寛治は機能しなくなり、法を厳格に適用しない寛《ゆる》やかさは、賄賂《わいろ》の横行を招きました。後漢末の党錮《とうこ》の禁《きん》は、この弊害を除こうとした知識人が宦官に弾圧された事件でした。

寛治は、豪族の大土地所有を拡大し、皇帝の基盤である民との貧富の差を拡大します。これにより、黄巾《こうきん》の乱のように、寛治の弊害に苦しむ人々からの、後漢「儒教国家」への異議申し立てがなされていました。寛治はすでに限界を迎えていたのです。

君主権力を建て直し、国家の支配を確立するためには、後漢「儒教国家」とは異なった統治政策が必要とされていました。曹操の政治理念となった猛政の典拠は、儒教経典の『春秋左氏伝《しゆんじゆうさしでん》』昭公伝《しようこう》二十年にあります。「政治が寛であれば民は慢《あな》どる。慢どればこれを糾《ただ》すのに猛を用いる。（政治が）猛であれば民は残《そこな》われる。残われればこれに施《ほどこ》すのに寛を用いる。寛により猛を済《すく》い、猛により寛を済えば、政治はこれによって調和する」と『春秋左氏伝』にあることを論拠に、寛治が弛緩《しかん》してきた後漢中期ごろから猛政が主張されていました。自らの理想とした橋玄《きようげん》の猛政を見習うなかで、曹操は猛政により、弛緩した後漢の統治を建て直そうとしたのです。

これに対して、袁紹の支配は、崩壊した後漢の寛治を工夫なく継承したものといえましょう。人にへりくだり、名士の献策をよく聞く態度も、寛治の延長線上にあります。しかし、戦乱の世において、人の意見をすべて受け入れることは、優柔不断のそしりを受けかねません。

しかも、袁紹に仕えた名士は、河北と河南に出身地が二分されます。袁紹がすでに領有している河北出身の名士は、決戦を避けて安定的な統治を優先すべしとし、河南出身の名士は、河南を支配する曹操との決戦を主張することが多かったのです。両者の意見をともに聞けば、身動きがとれません。

名士を幕下に持たなければ支配は安定しません。しかし、名士の意見に一方的に従い、自己の決断を下さなかった袁紹は、君主権力を確立できませんでした。最大の勢力を誇った袁紹の敗退は、名士の主張のみに従った場合には君主権力が確立せず、軍事的に敗退することを示すのです。

## 官渡の戦い

演義では、官渡の戦いを次のように描いています。

袁紹の優柔不断を知る曹操は、両面作戦を避けるため、最初に劉備を征討します。劉備は敗れ、関羽と妻子を奪われて、袁紹のもとに逃れていきました。その際、関羽は、降伏を勧める張遼《ちょうりょう》に、「漢に降《くだ》るも曹には降らず」、「夫人に何人も近づけず」、「劉備が見つかり次第帰参する」という三つの条件を出して降伏します。曹操はこれを認めながらも関羽を厚遇し、自らの臣下とすることを目指しました。

一方、劉備は袁紹に大義を説き、曹操討伐に踏み切らせます。官渡の戦いの前哨《ぜんしょう》戦《せん》は、黄河の渡し場である白馬《はくば》で行われました。**白馬の戦い**では、袁紹の先鋒・顔《がん》良《りょう》が曹操側の二将を討ち取りますが、曹操の武将となっていた関羽に首を斬られます。さらに、関羽は顔良とならんで猛将とされる文醜《ぶんしゅう》を斬りますが、史実では文醜を殺した者は関羽ではありません。続いて、史実を見ていきましょう。

白馬の戦いの勝因は、十対一といわれた兵力差を克服するために、曹操が行った運

白馬の戦い

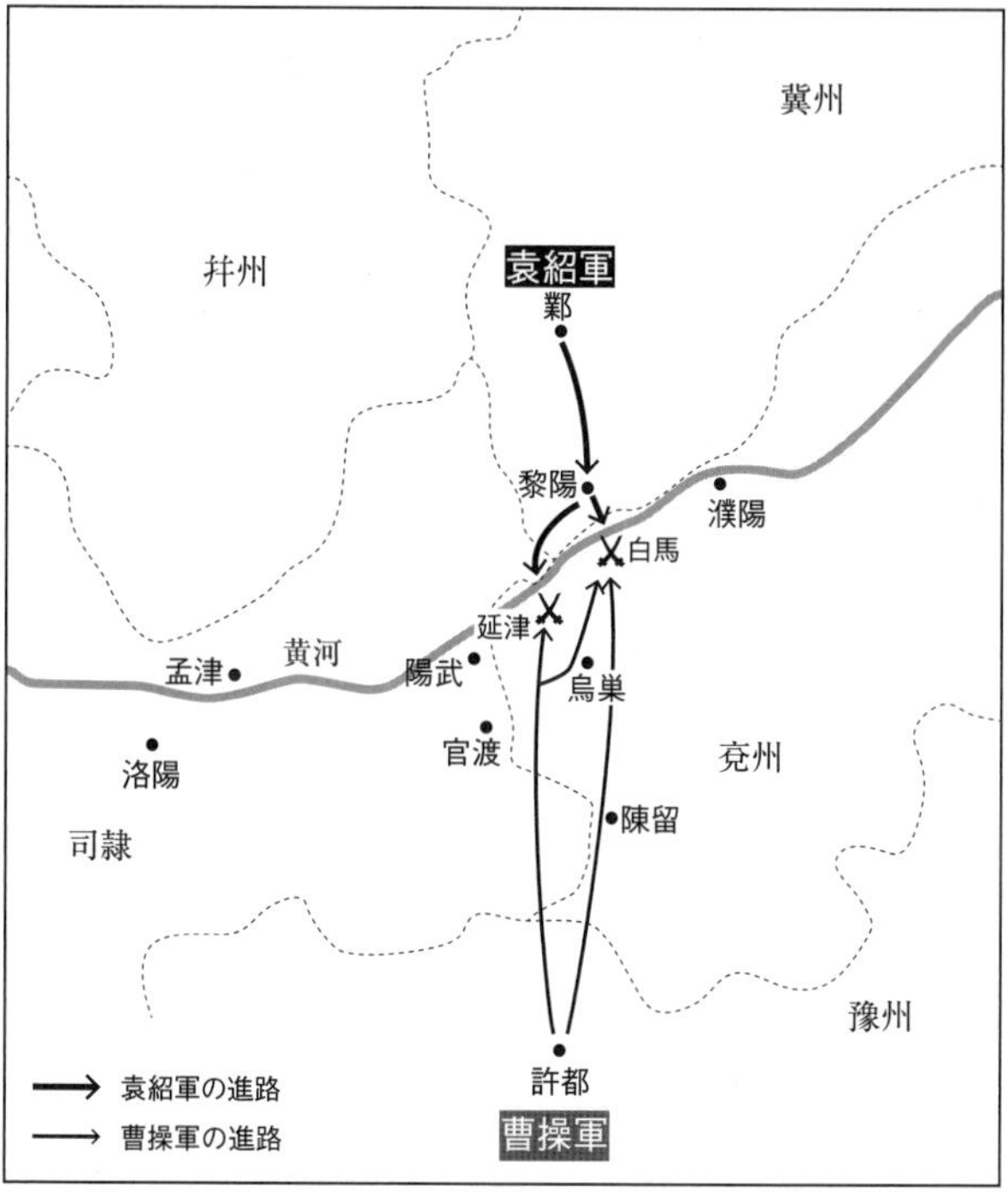
冀州
并州
袁紹軍
鄴
黎陽
濮陽
白馬
延津
黄河
孟津
陽武
烏巣
官渡
兗州
洛陽
陳留
司隷
豫州
許都
曹操軍
袁紹軍の進路
曹操軍の進路

動戦にあります。『孫子』の兵法では、兵力が多い場合には、それを有利に生かせる陣地戦、少ない場合には、兵力差が現れにくい運動戦を行うべきであるとしています。曹操はそれに従ったのです。

袁紹の猛将である顔良が、白馬を守る曹操側の劉延《りゅうえん》を攻撃すると、曹操は延津《えんしん》に兵を進め、黄河を渡って背後を衝くと見せかけます。そうして袁紹の大軍を引きつける一方で、白馬に急行しました。袁紹はこの陽動作戦に嵌《は》まり、主力を西に向けて曹操軍の渡河《とか》を防ごうとします。その間に曹操軍は一気に白馬に向かい、関羽が顔良を斬り、袁紹軍を大破したのです。

さらに、曹操軍を追撃する袁紹本軍の騎兵に、曹操の輜重《しちょう》（輸送部隊）は逃げ出します。そして文醜率いる騎兵が、武器や食糧にたかりだす頃合いに、引き返してきた曹操軍の騎兵が文醜を斬りました。

こうして白馬の戦いに敗れた袁紹は、曹操と官渡で対陣します。曹操軍の守る官渡の陣地を攻める袁紹軍は、高いやぐらと土山をつくり、その上から矢を雨のように降らせました。曹操軍も陣内に土山を築いて対抗するとともに、「霹靂車《へきれきしゃ》」と恐れられた移動式の投石機により、敵のやぐら・土山を狙い撃ちにします。すると袁紹軍は

官渡の戦い

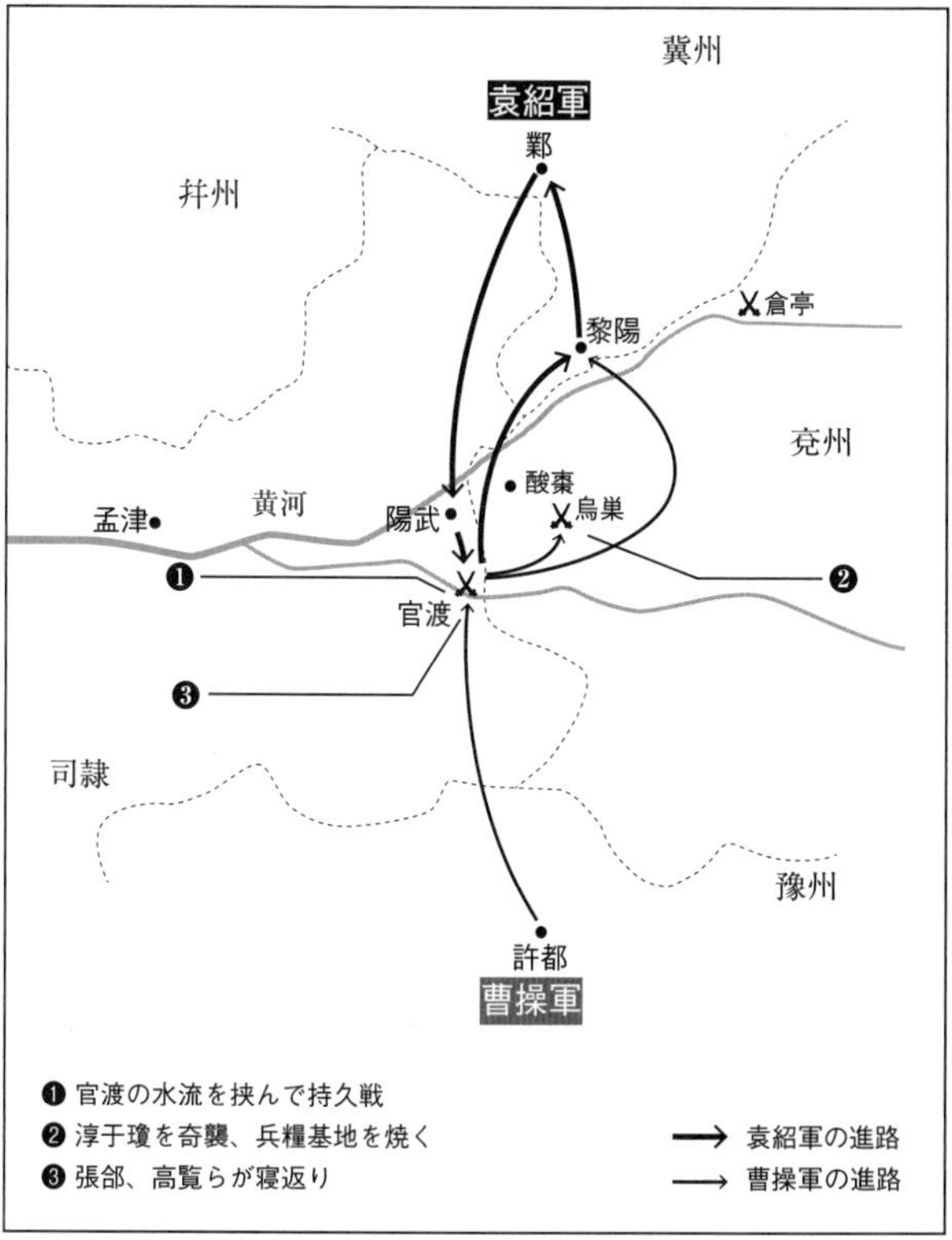
冀州
袁紹軍
鄴
幷州
倉亭
黎陽
兗州
酸棗
黄河
孟津
陽武
烏巣
❶
❷
官渡
❸
司隷
豫州
許都
曹操軍
❶ 官渡の水流を挟んで持久戦
❷ 淳于瓊を奇襲、兵糧基地を焼く
❸ 張郃、高覧らが寝返り
袁紹軍の進路
曹操軍の進路

「地突《ちとつ》」と呼ばれる地下道を敵の陣地の下まで掘り進める作戦を展開、曹操軍は深い塹壕《ざんごう》を幾重にも掘り、敵の「地突」を無力化させます。

このように陣地戦は、土山をつくり地下道を掘るといった大規模な土木工事や、高いやぐらや「霹靂車」をつくるほどの高度な技術が必要となるため、経済力を必要とし、また兵力の多いほうが有利でした。

兵糧の尽きた曹操は弱気になり、荀彧に撤兵の相談をします。しかし荀彧は、これが天下分け目の戦いであるとして、徹底的に戦うよう曹操を励まします。やがて曹操は、袁紹から投降してきた旧友である許攸《きょゆう》の策を用い、袁紹の兵糧を貯蔵してある烏《う》巣《そう》を自ら騎兵を率いて襲撃して焼き払いました。そして、袁紹側の張郃《ちょうこう》（のちに魏の中心的将軍として重用される）らが降伏し、曹操は、官渡の戦いに勝利をおさめたのです。

## 天命の行方

袁紹や劉表《りゅうひょう》のように名士を優遇した政権では、支配は安定しますが君主権力は確立せずに軍事力の弱体化を招きます。一方、公孫瓚や呂布のように名士を優遇しなければ、軍事力が強大であっても領域の支配は安定せず、政権は弱体化するのです。三国の諸政権を樹立した君主たちは、名士とせめぎあいながら君主権力の確立と地域支配の安定を両立することを目指していました。

曹操は、献帝という政治的正統性、青州《せいしゅう》兵という軍事的基盤、屯田制《とんでんせい》という経済的基盤を兼ね揃え、官渡の戦いに臨みました。官渡の戦いでは、何顒《かぎょう》グループの許攸がもたらした烏巣急襲策を採用して勝利をおさめます。

演義は、曹操の勝因を許攸の寝返りと袁紹の優柔不断に求めます。それは正史にも記されています。ただし、それだけが勝因ではないでしょう。歴史が曹操の勝利を求めていたのです。

袁紹が勝ち、天下を統一しても、

烏巣を焼く曹操

漢に代わる次代を切り開く国家をつくることはできなかったでしょう。漢の統治システムの限界を打破する屯田制や青州兵などの政策を果敢に推進していたからこそ、勝利の女神、中国史ではそれを「天」、あるいは「天命」と表現しますが、天は曹操に微笑《ほほえ》んだのです。

# 第5章 関羽

――「義」に篤い生きざまを貫いた気高き将

## 関帝信仰

官渡《かんと》の戦いの前哨戦《ぜんしょうせん》となった白馬《はくば》の戦いで顔良《がんりょう》を斬った関羽《かんう》は、三国時代の人物のなかで、現在も最も尊敬、そして崇拝されています。義弟の張飛《ちょうひ》が愛されていることと対照的です。関羽は、**関聖帝君**《かんせいていくん》（関帝）として、現在でも信仰の対象なのです。

清《しん》の後期に成立した京劇《きょうげき》では、神である関羽は、皇帝と同じように、畏《おそ》れ多いために演じてはならない役柄でした。それでも、あまりの人気の高さに、やがて上演は許可されます。ちなみに映画「レッドクリフ」では、敵を破ったあと、関羽は見得《みえ》を切りますが、これは京劇の伝統に則《のっと》った所作です。日本人のファンにはピンと来ない場面ですが、中国人にとっては当然の所作なのです。

韓国にも、関帝信仰が存在します。ソウルの東大門の外には、関帝を祀《まつ》る東廟《トンミョ》（東関王廟）があり、かつては南大門の外にも南廟《ナンミョ》（関聖廟）がありました。しかし、それほど信仰は集めていません。両廟は、豊臣秀吉の朝鮮侵略のときに、援軍に来た明《みん》軍の要請で建てられたものなのです。しかも、明の武将たちは、関帝の生誕日とされる五月十三日に、朝鮮国王が関帝に礼拝することを要請しました。援軍に来た宗主国の要求を拒むわけにもいかず、宣祖《ソンソ》は南廟に詣で、香を焚《た》き跪《ひざまず》いて関帝を拝したのです。現代の韓国において、関羽の人気がいまひとつなのは、こうした関帝信仰強制の歴史と無縁ではありません。

日本にも関帝廟がありますが、それは華人の信仰の中心です。函館・横浜・神戸・長崎といった華人の暮らす町には、関帝廟が華人社会の中心に鎮座しています。しかし、関帝を信仰する日本人は多くはありません。関帝信仰との関係が薄い日本人は、関羽の特別扱いに違和感を覚え、吉川英治《よしかわえいじ》の『三国志《さんごくし》』は、関羽を主役とはしていません。

これに対して、演義は、曹操《そうそう》（姦絶《かんぜつ》）・関羽（義絶《ぎぜつ》）・諸葛亮《しょかつりょう》（智絶《ちぜつ》）が主役ですが、曹操と諸葛亮を犠牲にしてまで、関羽の義の描写が優先されるほど、関羽が物語の中心に存在しているのです。

## 白馬の戦い

三国志のなかで最強武将は、個人では呂布《りょふ》、将軍では曹操です。呂布の武勇は、正史にも「人中に呂布有り、馬中に赤兎《せきと》（呂布の愛馬である赤兎馬《せきとば》）有り」という軍中《ちゅうご》語によって称えられています。演義も、董卓《とうたく》と反董卓連合軍との緒戦である虎牢《ころう》関《かん》の戦いで、劉備《りゅうび》・関羽・張飛の三人と戦って引き分ける呂布を描いており、関羽より呂布を強いと設定していることは明らかです。曹操の強さは、白馬・官渡の戦いにおける『孫子《そんし》』に基づく采配《さいはい》を見ればわかるでしょう。

その白馬の戦いこそ、正史に記される関羽唯一の見せ場なのです。建安《けんあん》五（二〇〇）年、官渡の戦いの前哨戦として行われた白馬の戦いにおいて、関羽は袁紹《えんしょう》の先鋒・顔良を曹操の配下として討ち取ります。当時、関羽は、劉備が曹操に破れた際に、その妻子を守るために降伏し、曹操の部下となって厚遇されていました。

ただし、正史の記述は、わずか十九文字にしか過ぎません。「羽望見良麾蓋、策馬刺良於万衆之中、斬其首還（関羽は顔良の麾蓋《きがい》〈旗印と傘〉を望み見ると、馬に策《むち》ち顔良を多くの兵のなかに刺し、その首を斬って還《かえ》った）」。正史は、武将個人の武勇には、それほどの興味を示しません。

これに対して、演義は、「戦場に出ていただくことで主人の消息がつかめるかもしれません」との劉備の二夫人の言葉を掲げ、関羽が曹操のために戦ったわけではないことを確認したうえで、関羽の「武」を次のように描写しています。

「関公、勇躍馬にまたがって、青龍偃月刀《せいりゅうえんげつとう》（五十キログラムあるとされる関羽の愛刀）を片手に山を駆け下り、切れ長の眼をかっと怒らせ、太い眉をきりりと逆立て敵陣に駆け入れば、河北《かほく》の軍勢はわっと波のように分かれるところを、顔良目指して殺到した。顔良は、絹傘の下にあったが、関公がすさまじい勢いで突き進んで来たので、声をかけようとしたとき、赤兎馬（関羽の愛馬。演義では呂布の死後、関羽に贈られた）は早くも眼前に迫り、刀を構えるいとまもなく、雲長《うんちょう》（関羽の字《あざな》）の刀一閃《いっせん》して馬下に斬って落とされた。関公ひらりと飛びおりてその首を掻《か》き斬り、馬首に括《くく》りつけるなり馬に飛び乗って、敵陣を駆け出でたが、その勢いあたかも無人の境を行くが如《ごと》く、河北《かほく》の将兵はただただ仰天して、戦わず

劉備、関羽、張飛と打ち合う呂布
（虎牢関の戦い）

して総崩れとなった」

関羽一人で、白馬の囲いが解けていくような勇壮な記述です。

演義はさらに、関羽の武を引き立てるため、袁紹の武将・文醜《ぶんしゅう》も関羽に斬られたとします。このように、演義が語る関羽の武には虚構も多いのですが、それでも、関羽が三国時代を代表する武人のひとりであることは事実です。

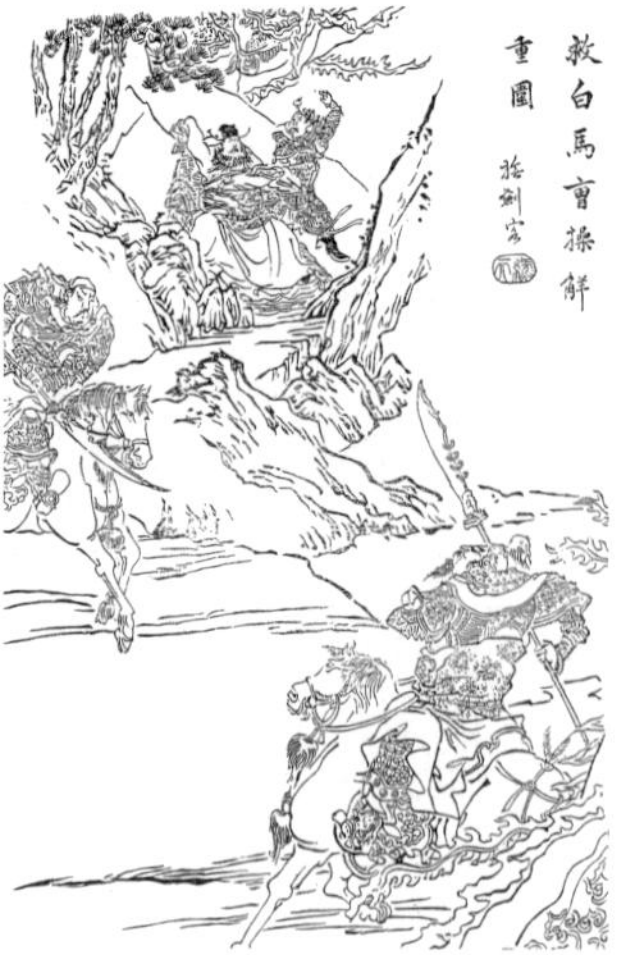

白馬の戦い

こののちも、荊州《けいしゅう》において樊城《はんじょう》（荊州北部の拠点）を守る曹仁《そうじん》（宗室を代表する方面司令官）を攻め、援軍に来た于禁《うきん》と龐悳《ほうとく》（ともに魏を代表する将軍）を破り、曹操に遷都《せんと》を検討させるほどの武勇を披露しています。しかし、個人としての武勇は呂布が勝り、軍を指揮する能力は『孫子』に注をつけた曹操が三国一であったことは動きません。演義が「義絶」に加えて、「将絶」と称えるほどの武を関羽は持っていないのです。

## 関羽を称える曹操

関羽を「義」と評価した者は、史実でも演義でも曹操です。演義は、関羽の降伏《こうふく》条件として、①「**降漢不降曹**《こうかんふこうそう》（漢に降《くだ》るも曹に降らず、〈漢に降伏するのであり、曹操に降伏するのではない〉）」、②劉備の夫人には何人も近づけない、③劉備の所在が明らかになれば帰参する、という三つの条件をつけて降伏した、と関羽の義を強調しています。

正史には、こうした条件の記載はありませんが、関羽がやがて劉備のもとに戻ったことは史実です。これが後世、関羽が神として祀られる大きな要因となりました。

関羽が漢、すなわち劉備に帰することを演義が義として絶賛する理由は、三国時代において、あるいは長い中国の歴史において、主君が敗れても見捨てず、優遇されても元の主君に帰参した事例がきわめて稀なためです。たとえば、秦《しん》を滅ぼした楚《そ》の覇王・項羽《こうう》を破った漢の劉邦《りゅうほう》の武将・韓信《かんしん》は、もともとは項羽の部下でした。日本の「忠」とは、異なるのです。

曹操は、白馬の戦いでの功績を称え、また引き留め策として、関羽を漢寿亭侯《かんじゅていこう》（当時の最高爵である列侯《れっこう》のひとつ）に封建しました。これは、史実も演義も同じです。正史によれば、これより先、曹操は関羽の立派な人格を評価していましたが、かれの心には長く留まる気持ちがないと推察して、関羽と個人的に親しい張遼《ちょうりょう》に、「ためしに個人的にかれに尋ねてみてくれ」と頼みます。

それを受けて張遼が関羽に尋ねてみると、関羽は嘆息《たんそく》して、「曹公がわたしを厚遇してくださるのはよく知っておりますが、わたしは劉将軍から厚い恩義を受けており、一緒に死のうと誓った仲です。あの方を裏切ることはできません。わたしは絶対に留まりませんが、必ず手柄を立てて、曹公に恩返しをしてから去るつもりです」といいます。

張遼が関羽の言葉を曹操に報告すると、曹操はこれを義としました。関羽が顔良を斬るに及んで、曹操はかれが必ず去るであろうと思い、重い恩賞を賜りました。関羽は、ことごとくその賜り物に封印をし、手紙を捧げて決別を告げ、袁紹の軍にいる劉備のもとへ奔《はし》るのです。左右の者がこれを追おうとすると、曹操は、「かれはかれで自分の主君のためにしていることである。追ってはならない」といったといいます。

正史に記される、「かれはかれで自分の主君のためにしていることである。追ってはならない」という曹操の言葉は、演義にもそのまま引用されます。曹操に辛《から》い演義も、この場面だけは、曹操を高く評価します。「関羽が豪傑のなかの豪傑であるため、姦雄もこれを愛した。曹操は姦雄のなかの姦雄である」と。

## 義もて曹操を釈つ

演義において関羽の義を最もよく描くのは、**華容道《かようどう》**で曹操を許す場面、「義もて曹操を釈《はな》つ」です。

赤壁《せきへき》で敗れた曹操は、諸葛亮が伏せておいた趙雲《ちょううん》と張飛によって散々に打ち破られ、さらに華容道で関羽の待ち伏せにあいます。疲弊《ひへい》した軍を率いる曹操は、死を覚悟しますが、程昱《ていいく》(曹操の代表的謀臣)はかつて関羽にかけた恩に縋《すが》るべきだと勧めました。

曹操はうなずき、直《ただ》ちに馬を進めると雲長（関羽の字）に会釈《えしゃく》していいました。

「将軍には、その後お変わりないか」

雲長も会釈を返して、「このたびは軍師の命により久しく丞相《じょうしょう》をお待ちいたしておりました」。

「わたしはこのたびの合戦に敗れて兵を失い、かかる窮地に至ったが、将軍には昔日《せきじつ》の情義に免じて、この場を見逃してほしい」

「わたしは丞相《じょうしょう》の厚恩を蒙《こうむ》ったことはありますが、すでに顔良・文醜を斬って白馬での危地をお救いし、ご恩を報じました。今日は私情は許されませぬ」

「貴殿が、五ヵ所の関で守将を斬られたときのこと（劉備のもとに戻る関羽が関所を破り、六人の将を斬ったことを曹操が許すという演義の虚構）をまだ覚えておられるか。大丈夫たる者は、信義を重んじるもの。『春秋《しゅんじゅう》』に造詣《ぞうけい》の深い貴殿のことゆえ、庾公《ゆこう》之斯《しし》が子濯孺子《したくじゅし》を追ったときのことをご存知であろう（衛《えい》の庾公之斯は、鄭《てい》の子濯孺子を追い討ちしたが、子濯孺子の肘《ひじ》が悪く弓は引けないと聞き、また自らの弓の師の師であったため、公私の狭間に悩み、鏃《やじり》を抜き取った矢を四本射かけて引き返した）」

雲長は、義を重んじること山の如き人でしたから、かつての日、曹操から受けた幾多の恩義、そして五関の守将を斬ったときのことを思い起こして、心を動かさぬはずがありません。その上、曹操の軍勢が戦戦兢兢《きょうきょう》、みな涙を浮かべているのを見ては、惻隠《そくいん》の情を禁じ得ませんでした。そこで馬首を返すと、散れと手勢に命じます。いうまでもなく、曹操を逃がそうという心からです。曹操は雲長が馬を返すと見るや、間髪をいれず、大将たちとともに一斉に駆け抜けます。

中国近代小説の祖である魯迅《ろじん》は、『中国小説史略』のなかで、「孔明《こうめい》は、曹操がそれで滅びる運命ではないと察知したので、わざと関羽に華容道を警備させておき、しかも、わざと軍法でもって迫り、軍令状という誓約を立てさせて派遣した（諸葛亮は、曹操を見逃した場合は首を斬られてもよいと関羽に誓わせていた）。この諸葛孔明の描写は、孔明を狡猾《こうかつ》に見せているが、関羽の気概は凛然《りんぜん》としてい」ると述べて、諸葛亮が関羽を追い込んでいる軍令が、諸葛亮を狡猾に見せる逆効果を生みながらも、それによって関羽の気概が凛然と表現されることを指摘しています。

華容道で「義もて曹操を釈」ったことが、数多《あまた》の関羽の「義」を示す虚構のなかで、最も輝きを放っているのは、関羽が敵の命を救うために、自らの命を投げ出しているからです。

## 義とは何か

義とは、人として正しい道に依ること（春秋の義はそのための規範）や徳行のきわめて高いことを示す言葉で、『孟子《もうし》』によって仁《じん》とならぶ最高の徳目とされました。

ただ、『孟子』は「仁義」と並称し、ともに人の内側に存在するものとしましたが、そうした義の理解には、有力な反論もありました。『孟子』告子《こくし》篇に、「仁は内であって外ではない。義は外であって内ではない」という告子の議論が掲げられ、それに対する孟子の反論が展開されています。孟子の主張する義内説のほうが、自律的道徳観としては優れているのですが、義を外とすることのほうがわかりやすく思えます。『礼記《らいき》』表記《ひょうき》篇も、「仁に厚い者は義に薄く、親しみて尊ばず、義に厚い者は仁に薄く、尊びて親しまず」と、仁と義を対照的に捉えています。

仁とは、すでに述べたように、愛ですが、墨子《ぼくし》が批判するように「別愛《べつあい》（差別愛）」です。墨子の「兼愛《けんあい》」やイエスの「アガペー」とは異なり、すべての人を等しく愛するわけではありません。孔子《こうし》は、親を愛し、兄弟を愛し、一族を愛し、村の者を愛し、それを国中に及ぼすことを説きましたが、その愛は同心円上に広がるもので、強さが異なります。他人よりは一族を、一族よりは親兄弟を愛するのです。

これに対して、義は他者との関係を中心とします。本当の肉親でないから、「義」兄弟となるのです。本当の兄弟であれば、「同年同月同日に生まれなかったことは是非もないとしても、同年同月同日に死なんことを願」いません。誰かが生き延びて、家を守り、祖先祭祀《さいし》を続ける「孝」を尽くすべきだからです。劉備たち三人の義兄弟は、同日に死ぬことを誓い、それが叶わなかったため、劉備は呉の遠征に自らの命を投げ出しました。他人のために命をも擲《なげう》つこと、これが劉備・関羽・張飛が誓いあった「義」なのです。

「忠義」と並称されるのは、君主という他人のために命を投げ出すことが、忠であるとともに義だからです。ただし、忠のために行われる義は、いまだ輝きが薄いと思います。そこに君主や社会からの強制力が見え隠れするためです。

これに対して、関羽が命を捨てて救った曹操は敵です。他人のなかでも最も遠い存在であり、仁の及ぶ範囲ではありません。曹操は、現に劉備や関羽を殺すために遠征に来たのです。

孔子は『論語』為政《いせい》篇に、「**義を見て為《な》さざるは勇無きなり**」と述べています。敵を救うことは命がけとなります。勇がなければ義は成し遂げられません。武勇に優れる関羽であるからこそ、曹操との「信義」を示すため、自らの命を賭《か》けることができたのです。このため、他者との関係において成立する「義」は、華容道で最も輝くのです。

## 曹操との因縁

関羽はやがて、孫権《そんけん》の裏切りにより、曹操と孫権に挟撃《きょうげき》され、麦城《ばくじょう》で戦死します。関羽を恐れ、また劉備の報復を恐れる孫権は、その怒りを曹操に向けるため、関羽の首を木箱に入れ、曹操に献上《けんじょう》しました。演義はこれを次のように描きます。

曹操が箱を開くと、関公の顔は生きているがごとくです。思わず笑って、「雲長殿、その後お変わりなかったか」と、その言葉も終わらぬうち、関公の口が開き目が動いて、髪も髭《ひげ》も逆立ったので、あっと驚いて倒れました。

諸官が駆けつけて救け起こせば、しばらくして気を取りもどした曹操は、一同を見やっていいます。

「関将軍はまことの天神である」

呉の使いも、関公の霊が呂蒙《りょもう》（荊州を攻めた孫呉《そんご》の将軍）に乗り移り、孫権を罵《ののし》り呂蒙を憑《つ》き殺したことを言上《ごんじょう》したので、曹操はますます恐れ、犠牲を屠《ほふ》って霊を祀り、香木を刻んで体をつくり、王侯の礼をもって洛陽《らくよう》の南門外に葬りました。諸官にも柩《ひつぎ》を送るよう命じて、曹操は自ら祭主となって、荊王《けいおう》の位を遺贈《いぞう》し、役人を派遣して墓守《はかもり》をさせることにしたのです。

この場面で、関羽と対面した曹操は、自分から話かけています。しかも、「雲長殿、その後お変わりなかったか（雲長公、別来無恙）」という言葉は、華容道で関羽に見逃してもらったとき、最初に呼びかけた、「将軍、その後お変わりなかったか（将軍、別来無恙）」とほとんど同じです。

建安五（二〇〇）年、許《きょ》で別れてから、建安十三（二〇八）年、華容道に再会するまで八年。「将軍、その後お変わりなかったか」と語りかける曹操の恩を思い、関羽は義により曹操を見逃しました。華容道で別れてから、建安二十四（二一九）年、ここで再会するまで十一年、「雲長殿、その後お変わりなかったか」と語る曹操に対して、呂蒙をとり殺し、孫権を押し倒した関羽は、劉備と蜀漢《しょくかん》にとって最大の敵であるはずの曹操に、危害を加えません。それどころか、こののち劉備の枕元に顕《あらわ》れ、呉を討って仇《かたき》を取ってほしいと告げます。曹操と戦うことは望まないのです。曹操もまた、最後まで関羽に礼を尽くし敬うことを止めず、自ら祭主となって関羽を祀り、荊王の位を遺贈します。

孫権から関羽の首を送られた曹操が、諸侯と同じ礼により関羽を葬ったことは、裴《はい》注《ちゅう》に引く『呉歴《ごれき》』に記される史実です。関羽と曹操の因縁は、ここに幕をおろします。

## 武神、財神として信仰される

関羽は、記録で確認できるかぎりでは、初め仏教の守護神として祀られます。唐《とう》代に、関羽終焉の地に近い天台宗の玉泉寺《ぎょくせんじ》に、仏を守るための伽藍神《がらんしん》として祀られたのです。また、一時的ではありますが、武成王廟《ぶせいおうびょう》（太公望呂尚《りょしょう》を祀る武廟）の従祀《じゅうし》（主神に付き従う神）となる古今の名将六十四人のひとりとして、国家からともに祭祀を受けたこともありました。

宋《そう》代になると、皇帝が国家の守護を願い、関羽に称号を授与していきます。北宋最期の徽宗《きそう》は、関羽に忠恵公《ちゅうけいこう》、武安王《ぶあんおう》、義勇《ぎゆう》武安王の称号を与え、南宋を建国した高宗《こうそう》も壮繆《そうぼく》義勇王という称号を授与しています。ただし、諸葛亮も、威烈武霊仁済王《いれつぶれいじんさいおう》という称号を受けているので、関羽だけが突出した信仰を受けていたとはいえません。

関羽の信仰が本格化するのは、**山西**《さんせい》**商人**の活躍に依ります。関羽の出身地である河東《かとう》郡の解県《かいけん》は、解池《かいち》と呼ばれる塩湖の側にあり、解塩《かいえん》を扱う山西商人が発展する源となりました。元《げん》代には、「関雲長 大いに蚩尤《しゆう》を破る」という元曲《げんきょく》（元の戯曲）があり、塩の生産を邪魔する蚩尤神を関羽が破る劇が上演されていました。こうして関羽は、山西商人の守護神として位置づけられていくのです。

明清《しん》時代になると、山西商人は大発展を遂げ、もともとの塩業に加えて、軍への兵糧の納入、国家から貸与された資金の運用などで、莫大な利益をあげていきました。塩商は、清の前半期には、国家

洛陽の関帝廟（曹操が祀った首塚がある）

財政のほぼ半分を負担するに至るほどの富を蓄えていたともいわれます。

こうしたなか、関羽は財神《ざいしん》として、さらには国家の守護神である武神《ぶしん》・儒教神《じゆきよう》として篤い信仰を集めていきます。明の成祖《せいそ》・永楽帝《えいらくてい》は、本雅失里《ベンヤシリ》（タタール族）を討ったときに、関羽が白馬に乗って先導したことを感謝して、白馬廟で忠勇武烈な関羽の威徳を追慕《ついぼ》し、毎年定時に官祭を執行しました。

清の順治帝《じゆんちてい》は、関羽に「忠義神武関聖大帝《ちゆうぎしんぶかんせいたいてい》」の称号を授与し、雍正帝《ようせいてい》は、山西省《さんせい》の解州《かいしゆう》（生誕地）と河南省《かなん》の洛陽《らくよう》（首の埋葬地）に住む関羽の子孫に、五経博士《ごきようはかせ》の位を与えました。儒教神としての性格は、ここで確立します。

そして、各地の関帝廟を「武廟《ぶびよう》」と呼ぶように命じ、孔子の「文廟《ぶんびよう》」と並立させていきます。そして、アヘン戦争のころの道光帝《どうこうてい》は、関羽を孔子と同じように「夫子《ふうし》」と呼ぶことを命じ、関羽は孔子とならぶ、武・文の最高神となったのです。

## 山西商人と関帝

ここには、中華ビジネスの特徴である国家と商人との癒着《ゆちやく》、その象徴としての関帝の姿を見ることができます。

清の中国支配と発展には、山西商人の援助を無視することができません。同時に、山西商人の発展は、清の武力と財力に依るところが大でした。国家権力と巨大な商業資本、その結合の象徴が関聖帝君への信仰なのです。

山西商人の守護神であった関聖帝君を清が儒教的武神として孔子とならべ尊重したのは、山西商人との結合の何よりの証《あかし》でした。そして、両者の結合のもと、関帝信仰を広げるメディアのひとつとなったものが、演義なのです。

しかし、山西商人と明清帝国とが癒着するために、関帝信仰を利用しただけなのであれば、その信仰は、アヘン戦争以降の山西商人の衰退や清の滅亡とともに、終焉《しゅうえん》を迎えたはずです。しかし、関帝は、現在でも華人社会の中核となり、信仰を集め続けています。これは、関帝という神格が、華人社会の価値観の中心となる内容を持っていることを意味します。それが「義」なのです。

ここまで説明してきたように、すでに三国時代において、関羽は曹操から「義」を称えられていました。その理由は、曹操がいくら優遇しても劉備への「忠」を捨てなかったことに求められます。演義は、関羽を「義絶」と位置づけ、その義を強調することに努めました。こうした「義」は、相互の信頼が最も大切な商人にとって、価値観の中心に置くべきものでした。関帝が信仰された普遍的な理由は、ここにあります。

明代の中期、揚州《ようしゅう》に進出した山西商人は、異郷におけるコミュニティの中核に関帝を置きました。関帝廟に共有財産を持たせ、商売に失敗して困窮した者に元手を貸し、両親を失った子どもに奨学金を与えました。関帝廟は信仰の紐帯であるばかりでなく、異郷で暮らす山西商人の相互扶助《ふじょ》組織なのです。横浜の華人も、現在の中華街に居住を始める際に、最初に関帝廟を建てています。

異郷において商人を支えるものは、人的ネットワークです。しかし、中核がないネットワークは脆《もろ》いものです。そのため、山西商人は、各地に商売に出掛ける際に、自分達の守護神である関帝に縋《すが》り、商売に成功すると関帝廟を造って祭祀を行い、ネットワークの拠点としました。

また、関羽の「義」に篤い生きざまは、商人として守るべき規範を与えました。「義」と「信」に基づく人的ネットワークは、こうして中国一円に広がり、華人の進出に合わせて海外にも関帝廟が建設されていったのです。

## 利他の義

そうしたなかで形成された関帝像を『子不語《しふご》』という怪異小説は、次のように描いています。

馬孝廉《ばこうれん》（ここでの孝廉は科挙の予備試験に受かった者への尊称）が、まだ科挙に合格していなかったころ、西村の李家に間借りをしていました。

隣の家の王某《おうぼう》は性質が凶悪で、いつもその妻を殴っていました。妻は飢えてどうしようもなく、李家の鳥の煮込みを盗んで食べてしまいます。

李家はこれを知ると、王某の妻を訴えました。王某は酒をあおると大いに怒り、刀を引っさげ妻を引きずりやって来ると、事の真偽を尋ね、妻を殺そうとします。

妻は恐れて、鳥を盗んだのは馬孝廉である、と言い張りました。馬孝廉は濡《ぬ》れ衣《ぎぬ》であるといいましたが証拠はありません。そこで、村の関帝廟で占うことになりました。

三回占ったが、すべて馬孝廉が盗んだと出ました。王某は刀を投げ出すと妻を放って帰り、馬孝廉は村人に冷たくされ、李家から追い出されました。

ある日、タンキー（霊媒師、神下ろし）が関帝を乗り移らせていました。馬孝廉は先の事件を忘れられなかったので、大いに神の裁きの違いを罵《ののし》ります。するとタンキーは、灰の上に字を書いて、「馬孝廉よ。なんじは将来、民衆の支配者となる。知事となって何を重んじ、何を緩やかにすればよいのかを知っておるか。なんじが鳥を盗んだところで、せいぜい間借りを失うに過ぎない。ところが、あの妻は鳥を盗んだことが知れれば立ちどころに命がなくなるのだぞ。わたしは裁き違いの汚名をあえて受けて、人の命を救いたい。なんじは、それでもわたしを恨むか」と伝えました。馬孝廉は、関帝のお裁きに心から納得したといいます。

『子不語』に描かれている関帝は、演義の関羽ほどは強くありません。その裁判もまた正しくはありません。しかし、人情味に溢《あふ》れています。人として何が最も重要であるのかを教えるため、自分の裁き違いが罵られても人を救うことを優先する、これを「利他の義」といいます。だからこそ、人々は、見ず知らずの関帝に縋《すが》り、関帝に祈りを捧げるのです。

三国志の登場人物のなかで、現在も関羽が最も好まれているのは、関羽が「利他の義」を体現しているからなのです。

# 第6章 張飛、趙雲、張遼、甘寧

——「勇」に溢れる漢たち

# 張飛

## 酒好きで豪放磊落な性格ゆえに民衆に愛される豪傑

### 兵一万人に匹敵する男

関羽《かんう》と義兄弟であった張飛《ちょうひ》は、関羽とともに「**万人の敵**」と称されています。正史では、郭嘉《かくか》（曹操の代表的謀臣）が曹操《そうそう》に、「劉備《りゅうび》は英雄の風格をもち、部下の心をつかんでいる。張飛と関羽は、いずれも『万人の敵』であり、劉備のためなら喜んで死ぬような連中です」と劉備主従を評価したことが伝えられます。劉備が呂布《りょふ》に敗れて徐州《じょしゅう》を失い、曹操を頼って許《きょ》に滞在していたころの話です。

このほか、程昱《ていいく》や傅幹《ふかん》（馬騰《ばとう》の配下から曹操の部下となった）も、関羽・張飛を「万人の敵」と評しています。これは、曹操陣営の公式見解となっていたのかもしれません。

「万人の敵」の「敵」は敵・味方の敵ではなく、「匹敵する」という意味です。その語源は、楚《そ》の覇王・項羽《こうう》のエピソードに遡《さかのぼ》ります。

『史記《しき》』によれば、幼いころ、項羽は学問にも、剣術にも真面目にとりくまず、叔父の項梁《こうりょう》に叱られます。すると、項羽は、「学問は名前が書ければ十分。剣術はひとりを相手にするものだから、学んでも仕方がない。万人を敵（相手）とするものを学びたい」と言い返しました。そこで、項梁が兵法を教えると、項羽は喜んだといいます。

項羽のいう「万人の敵」は、「兵法・軍学」を指していますので、関羽・張飛の場合とは、少し意味が異なります。ふたりの場合には、文字どおり、「一万人の兵士と同等の価値がある勇者」という意味でしょう。その「勇」たるや恐るべきものがあります。

正史では、「**張飛の雄壮・猛威は、関羽に亜《つ》ぐ**」と記されていますので、関羽が第一、張飛が第二という序列があったのでしょう。ただ、中国では、一緒にお酒を飲みたい人物の第一位に堂々と張飛が選ばれているように、史実の張飛ではなく、大酒飲みで失敗ばかりしている演

愛らしい張飛（故郷の涿州の張飛廟）

義の張飛が好まれているようです。関羽は尊敬され、張飛は愛されるという、役割分担がしっかりと定まっているのです。

中国の小説では往々にして、主人公と主役が異なる場合があります。たとえば『西遊記《さいゆうき》』では、主人公の三蔵法師《さんぞうほうし》は、主役の孫悟空《そんごくう》を引き立てるために、旅の行く手を遮《さえぎ》る妖怪《ようかい》退治に、ほとんど何の働きもしません。演義も同じです。主人公の劉備は、個人的な戦闘能力が高く、気性も激しい人物でしたが、小説では聖人君子にされています。

劉備のキャラクターを食った主役は、張飛でした。知識人向けの読み物になった演義では、関羽に比べて扱いが小さい張飛ですが、「説三分《せつさんぶん》」と呼ばれる三国志語りの講談では、庶民に人気のあった張飛が大暴れをします。『水滸伝《すいこでん》』の黒旋風李逵《こくせんぷうりき》（怪力で武芸に優れた梁山泊《りょうざんぱく》第二十二位の好漢）と同様、庶民の喜ぶ英雄像は、敵をバッタバッタと打ち倒す張飛だったのです。

また、庶民を相手とする講談をまとめた『三国志平話《さんごくしへいわ》』では、張飛が大活躍を見せます。

「張飛が長坂橋《ちょうはんきょう》で曹操軍を一喝すると、その叫び声は雷が鳴り響くほどで、あまりのことに橋が落ちてしまい、曹操軍は恐れて三十里（約十二キロメートル）も退いた」

張飛は、長坂橋に立っているはずなので、橋が落ちると張飛も川に落ちてしまいそうですが、そうした屁理屈など吹っ飛んでしまう豪快な張飛像は、やがて演義の史実化のなかで消えていきます。

では、正史は、張飛の「勇」をどのように記述しているのでしょう。

## 長坂坡の戦い

正史においても、張飛の見せ場は長坂橋です。建安《けんあん》十三（二〇八）年、華北《かほく》を統一した曹操が荊州《けいしゅう》に南下すると、たまたま劉表《りゅうひょう》は病死し、荊州名士《めいし》の蔡瑁《さいぼう》は次子の劉琮《りゅうそう》を立てて、客将として最前線にいた劉備には何も知らせず、曹操に降伏《こうふく》します。

突然、新野《しんや》を襲われた劉備は、南の江陵《こうりょう》を目指して逃げていきます。劉備を慕って続々と民が合流し、当陽《とうよう》に至るころには十万あまりに膨《ふく》れあがり、その進軍速度を遅らせていました。そこで曹操は、騎兵を選《え》りすぐって劉備を急追し、長坂坡《ちょうはんは》で捕捉、散々にこれを破りました。趙雲《ちょううん》が阿斗《あと》（劉禅《りゅうぜん》）を抱き、曹操軍のなかを駆け抜けたのはこのときのことです。

敗戦のなかで、殿軍《しんがりぐん》をつとめた張飛は、わずか二十騎を率いて、長坂橋に立ちはだかり、追っ手を威嚇《いかく》します。「われこそは張益徳《えきとく》である。やってこい。死を賭《か》けて戦おうぞ」と大喝したので、曹操軍はおじけづき、近づくものは、誰一人なかったといいます。こうして劉備は無事、夏口《かこう》にたどりつくことができたのです。

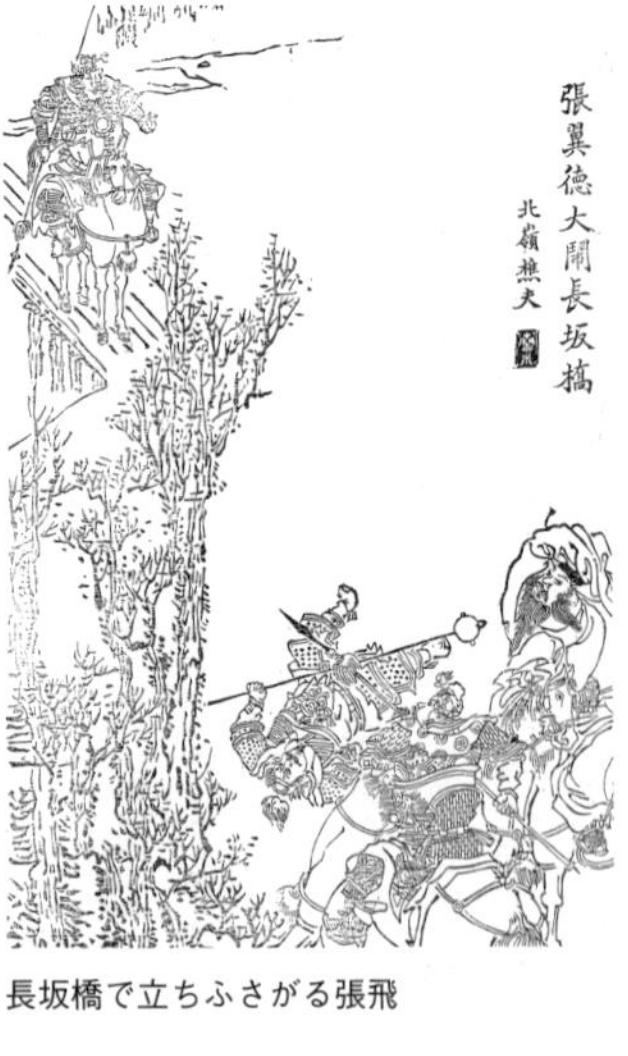

長坂橋で立ちふさがる張飛

強弱の差はあっても軍隊は、前からの攻撃にはある程度まで持ちこたえることができます。弱いのは背後からの攻撃に対してです。軍隊が全滅するときは、追撃されて背後から攻撃されたときか、伏兵などにより包囲されたときです。曹操は、『孫子《そんし》』に注をつけて、「敵軍の五倍の兵力で戦う場合、五分の三で敵軍を正攻法により締めつけ、五分の二は敵が逃げないように退路で待ち、敗退してきたところを全滅させる」

と述べています。背後から攻めることにより、大きな損害を相手に与えることは、兵法の鉄則なのです。

逆にいえば、軍を撤退させるときには、追撃をくい止める殿軍をどうするのか、が最も大きな問題となります。長坂坡の戦いにおける張飛の殿軍は、見事なものでした。また、北伐《ほくばつ》に成功せず、撤退を繰り返した諸葛亮《しょかつりょう》が、困難な撤退時に一度も兵を損なっていないことは、諸葛亮が名将といわれる理由のひとつなのです。

## 部下に暗殺される

張飛は、益州《えきしゅう》の平定にも活躍します。荊州から江州《こうしゅう》（益州東部にある県）に到達した張飛は、劉璋《りゅうしょう》の巴郡《はぐん》（益州東部）太守《たいしゅ》の厳顔《げんがん》を打ち破り、生け捕ります。その際に張飛は、厳顔の死を恐れない態度に感嘆し、かれを許して厚遇しています。

また、曹操と劉備とで繰り広げられた漢中《かんちゅう》の争奪戦では、宕渠《とうきょ》（巴郡北部の県）に進軍、張郃《ちょうこう》（魏の代表的将軍）と対峙《たいじ》すること五十日以上に及びました。張飛は、別の街道から張郃に攻撃を仕掛け、瓦口《がこう》で打ち破ります。こうして劉備が漢中王《かんちゅうおう》となると、右将軍《ゆうしょうぐん》となります。

のちに劉備が帝位に就くと、車騎《しゃき》将軍《しょうぐん》となりましたが、鬱々として楽しみません。関羽が呉に殺されたまま、その仇《かたき》を討っていなかったからです。

やがて劉備が呉を征討《せいとう》することを定めると、張飛は江州で合流する手筈となりました。しかし、配下の張達《ちょうたつ》と范彊《はんきょう》が瑣細《ささい》なことで鞭《むち》打たれたことを恨んで張飛を暗殺し、その首を持って呉に出奔《しゅっぽん》したのです。劉備は、張飛の都督《ととく》（軍の監察官）から上奏文《じょうそうぶん》（皇帝宛の文章）が届けられたと聞いただけで、「ああ、張飛が死んだ」と、嘆いたといいます。

劉備・関羽と「情」で結びついた「勇」の人・張飛は、最期まで義兄に心配をかけながら、亡くなりました。人々に愛される張飛らしい最期といえましょう。

# 趙雲 「一身みな肝」と称賛された冷静忠実な猛将

## 主君の妻子を救う

劉備《りゅうび》は、漢中《かんちゅう》討伐のとき、趙雲《ちょううん》の「勇」に溢《あふ》れる戦いに、「子龍《しりょう》の一身、都《すべ》て是《こ》れ胆《きも》なり」と、高く評価しました。演義では、関羽《かんう》・張飛《ちょうひ》に匹敵する扱いを受け、劉備のみならず諸葛亮《しょかつりょう》の信頼も厚い趙雲は、三国志の「勇」を代表する武将のひとりです。

趙雲は、初め公孫瓚《こうそんさん》に仕え、公孫瓚の将として袁紹《えんしょう》との戦いに派遣された劉備に、主騎《しゅき》として従いました。公孫瓚軍は、白馬だけで構成される騎兵集団「白馬義従《はくばぎじゅう》」を切り札としています。物語で趙雲が「**白龍**」という名の白馬に乗るのは、故《ゆえ》なきことではありません。

公孫瓚が滅びると、趙雲は改めて劉備に仕えました。『趙雲別伝《べつでん》』は、「劉備と同じ床で眠った」と趙雲と劉備との関係を伝えます。関羽・張飛に匹敵する待遇を受けたというのです。裴注《はいちゅう》に、本伝以上に多くの字数を引用される『趙雲別伝』は、趙雲を本伝より、はるかに立派に描いています。

正史には、長坂坡《ちょうはんは》で阿斗《あと》（劉禅《りゅうぜん》）を保護したことは書かれるものの、あとは北伐《ほくばつ》で曹真《そうしん》（魏《ぎ》の宗室）に敗れ、死後に順平侯《じゅんぺいこう》という諸侯に封建されたことが記されるだけです。これに対して、『趙雲別伝』は、趙雲を関羽・張飛とならぶ劉備の股肱《ここう》で、君主にも諫言《かんげん》する知勇兼備の将と表現します。演義は何の躊躇《ちゅうちょ》もなく、『趙雲別伝』の記録に従い、至誠の名将趙雲が大活躍していきます。

趙雲の「勇」を代表する長坂坡の戦いでは、趙雲は阿斗を守るために奮戦します。趙雲は敵軍の真っ只中に駆け込むと、逃げ遅れた阿斗とその生母の甘夫人《かんふじん》を救い出し、牙門将軍《がもんしょうぐん》に昇進しました。

この戦いの最中、「趙雲が味方を裏切って、曹操に降伏した」と告げる者がありましたが、劉備は、「子龍は決して見捨てて逃げたりしない」といって、その者を打ち据えたと『趙雲別伝』は伝えています。趙雲は、劉備の厚い信頼を受けていたのです。ただし、趙雲が単騎で敵軍のなかを駆け抜けたことは、正史はもちろん『趙雲別伝』にも記されてない、演義の創作です。

加えて演義では、ふだんは槍を使用する趙雲が、長坂坡で一騎駆けをしたときには、青釭《せいこう》という宝剣を手に入れています。青釭はもともと曹操の宝剣でしたが、長坂坡で曹操軍のなかを駆け抜ける際に、曹操から青釭を預かっていた夏侯恩《かこうおん》を倒し、手に入れたものとされます。

剣《つるぎ》は、春秋戦国《しゅんじゅうせんごく》時代の武器で、諸刃《もろは》です。漢代に梃子《てこ》の原理で強い力を伝えられる片刃《かたな》の刀が普及すると、剣が使われることは次第に少なくなっていました。しかし、これによって剣は、神秘的な力を持つものとして、かえって尊重されるようにもなります。青釭は、長坂坡で趙雲が危機一髪となったときに、光を発して、その神聖性により、やがて皇帝となる劉禅と趙雲を守りました。趙雲の「勇」は、青釭にも支えられていたのです。

阿斗を救う趙雲

## 生涯すべてを戦場に捧げる

やがて、趙雲は、諸葛亮と共に入蜀《にゅうしょく》して成都《せいと》を平定した功績により、翊軍将軍《よくぐんしょうぐん》に任命されます。

その後の漢中《かんちゅう》争奪戦では、曹操《そうそう》の大軍を打ち破ったのち、ふたたび攻め寄せた曹操軍に追撃されました。すると、趙雲は、門を大きく開いて旗を伏せ、進撃の合図である太鼓を打ち鳴らすことを止めさせます。曹操はその静けさに驚き、伏兵があるのではと疑い、軍を退《ひ》きました。それを見た趙雲は、ここぞとばかり、太鼓を打ち鳴らして進撃し、弩《ど》を発射して退却する曹操軍を攻撃したので、仰天した曹操軍は漢水《かんすい》に落ちるものも多く、大きな損害を受けました。

演義に描かれる諸葛亮の「空城計《くうじょうけい》」（わざと城門を開け放ち、琴を弾いて、伏兵があるかのように見せかける計略）は、城門を大きく開け放ったこの趙雲の知略から創作されたものでしょう。

翌日、劉備は自ら趙雲の陣営を訪れて戦場を視察し、そして「子龍の身体は、すべて肝っ玉である」と称賛したのです。軍中では、趙雲を「虎威《こい》将軍」と呼んだといいます。

また、関羽が殺され、劉備が呉を征討《せいとう》しようとしたときには、「国賊は曹操であって、孫権《そんけん》ではありません。まず魏を滅ぼせば、呉はおのずと屈伏するでしょう。曹操は死んだといっても、曹丕《そうひ》が簒奪《さんだつ》を働いています。魏を放置して、呉と戦ってはなりません」と、劉備の東征を止めています。

演義では、諸葛亮も止めたことになっていますが、それは虚構です。劉備の東征《とうせい》を止めたとの記録は、『趙雲別伝』だけにあります。関羽・張飛と同じ「情」により劉備と結びついていなければ、このときの劉備を止めることは不可能でした。『趙雲別伝』ならではの記載といえるでしょう。

劉備の死後は、諸葛亮に従って、第一次北伐に参加しました。このときには、

趙雲像（長坂坡があった当陽市に立つ）

囮《おとり》の軍として箕谷《きこく》に進出します。それが功を奏して、主力軍と見誤って大軍を派遣した曹真《そうしん》に敗れます。囮なのでそれでよく、しかも、趙雲自らが殿軍《しんがりぐん》となって、軍需物資をほとんど捨てず、将兵はまとまりをなくさずに撤退できました。

するとら、諸葛亮は、軍需物資を趙雲が残していたので、将兵に分け与えようとします。しかし趙雲は、「負け戦であったのに、どうして下賜《かし》があるのでしょう。物資は、すべて蔵に収め、冬の支度品とされますように」と進言して、敗戦の責任を明らかにしています。諸葛亮は、大いにこれを喜んだといいます。

趙雲は、中国のみならず、タイや韓国、そして日本で高い人気を持っています。タイの国王の伯父は、国民は須《すべか》らく趙雲のようであってほしい、と述べたといいます。その「勇」に貫かれた至誠な生き方は、今日まで尊敬を集めているのです。

# 張遼

## 兵八百を率いて孫権軍十万を奇襲した軍指揮官

### 遼来々

呉では子どもが泣いたときに、「遼来々《りょうらいらい》」とおどせば、泣き止まない子はなかったというエピソードは、日本の三国志ファンのあいだでは有名な話です。しかし、これは正史にも演義にも載っていません。そのもととなったのは、『魏略《ぎりゃく》』の記述であり、現在では『太平御覧《たいへいぎょらん》』に引用されて残っています。

ただし、直接の起源となったものは、唐《とう》代に著された児童用教科書『蒙求《もうぎゅう》』の注釈にあります。しかし、そこに見える泣く子を黙らせる言葉は、「遼来々」ではなく、「遼来遼来」です。日本でこれを「遼来々」と呼ぶのは、吉川英治《よしかわえいじ》の『三国志《さんごくし》』が、『蒙求』を取り入れた湖南文山《こなんぶんざん》の『通俗三国志《つうぞくさんごくし》』に基づいて、「遼来遼来」という言葉を「遼来々」と変更したためです。三国志のエピソードがさまざまな本を通じて、形成されていることがわかるでしょう。

このエピソードの主人公である張遼《ちょうりょう》は、曹操《そうそう》が深く信頼した武将でした。もともとは呂布《りょふ》の武将でしたが、曹操が呂布を破ると、曹操に降伏《こうふく》し、中郎将《ちゅうろうしょう》（将軍に次ぐ武官）に任命されます。

その後、たびたび戦功をあげ、裨将軍《ひしょうぐん》（下位の将軍）に昇進、離反した昌豨《しょうき》を夏《か》侯淵《こうえん》（宗室を代表する方面司令官）とともに攻めた際には、利害を説きに単身敵陣に行き、これを帰服させました。しかし、曹操からは、「これは大将のやり方ではない」と批判され、謝罪しています。曹操が、他の陣営から迎え入れた人材を教育していることがわかります。

官渡《かんと》の戦いのあとには、袁譚《えんたん》（袁紹の長子）・袁尚《えんしょう》（袁紹の三男）への討伐《とうばつ》に従軍し、別動隊を指揮して海岸地帯を進撃、遼東《りょうとう》の柳毅《りゅうき》（遼東太守の公孫度《こうそんたく》の部下）などを打ち破っています。

曹操は、野戦将軍には一万以上の兵を与えることは少なく、親族である曹氏・夏侯氏以外に別動隊の指揮をさせることもほとんどありませんでした。古参の武将でない張遼に厚い信頼を寄せていることがわかります。その表れでしょう。張遼が遼東から帰還すると、曹操は自ら出迎えて、自分の車に載せ、盪寇将軍《とうこうしょうぐん》（雑号将軍のひとつ）

## 袁紹死後の河北状勢

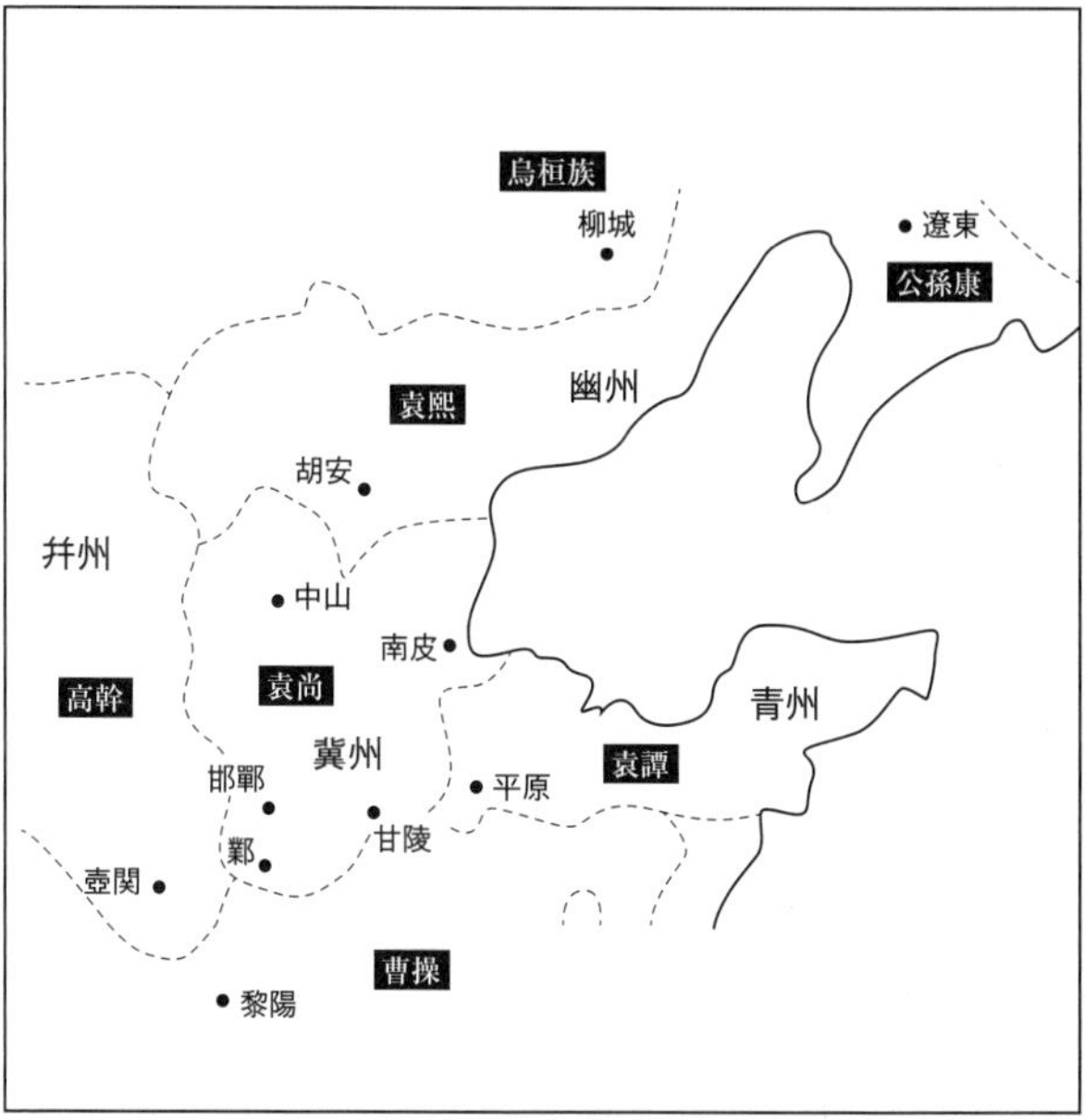

に任命しました。

このあとも、荊州《けいしゅう》の江夏《こうか》攻略や、柳城《りゅうじょう》の袁尚征討《せいとう》の際に、烏桓《うがん》族の単于《ぜんう》（首長）である蹋頓《とうとつ》を討つなどの軍功をあげています。

## 合肥の戦い

張遼の「勇」は、その冷静沈着な判断力と豪胆な決断力により発揮されます。

前者がよくうかがえるのは、軍中での反乱への対応でしょう。反乱を企てた者は、夜中に火を放って騒いだのですが、張遼は落ち着いて、その人数の少なさを確認し、「反乱に加わっていない者は動くな」と騒ぎを静め、反乱の首謀者を斬っています。

豪胆な決断力が見られるのは、**合肥**《ごうひ》をめぐる孫権《そんけん》との攻防戦です。

建安《けんあん》二十（二一五）年、曹操が漢中《かんちゅう》に出征した隙《すき》を突いて、孫権が十万の兵で合肥を攻撃します。呉に対する前線基地であった合肥には、張遼が、楽進《がくしん》・李典《りてん》（ともに曹操の自立初期から従う古参の将軍）とともに駐屯していました。

合肥の守兵はわずか七千。しかし、曹操は孫権の行動を予想して、護軍（軍目付）

の薛悌《せってい》に、「張遼と李典は城を出て戦い、楽進は城を守るように」という軍令を手渡していたのです。

諸将がためらうなか張遼は、勇士八百人を募ると、陣頭にたって孫権の陣営に攻め込みます。いつもは張遼と仲がよくなかった李典も、「これは国家の大事である。私《し》怨《えん》で公の道義を忘れることはしない」といって、張遼に続きます。

反撃されることなどを予想もしていなかった孫権は、仰天して逃げまどい、小高い丘に遁走《とんそう》します。護衛の兵士もなす術《すべ》を知らず、張遼を寄せつけないように守るのが精一杯でした。張遼の豪胆な決断力に基づき、「勇」が孫権の計画を狂わせたのです。

しかし、張遼たちの兵力は、八百人に過ぎません。張遼は、丘に上がった孫権に「降りて来て戦え」と怒鳴りましたが、孫権は張遼軍が意外

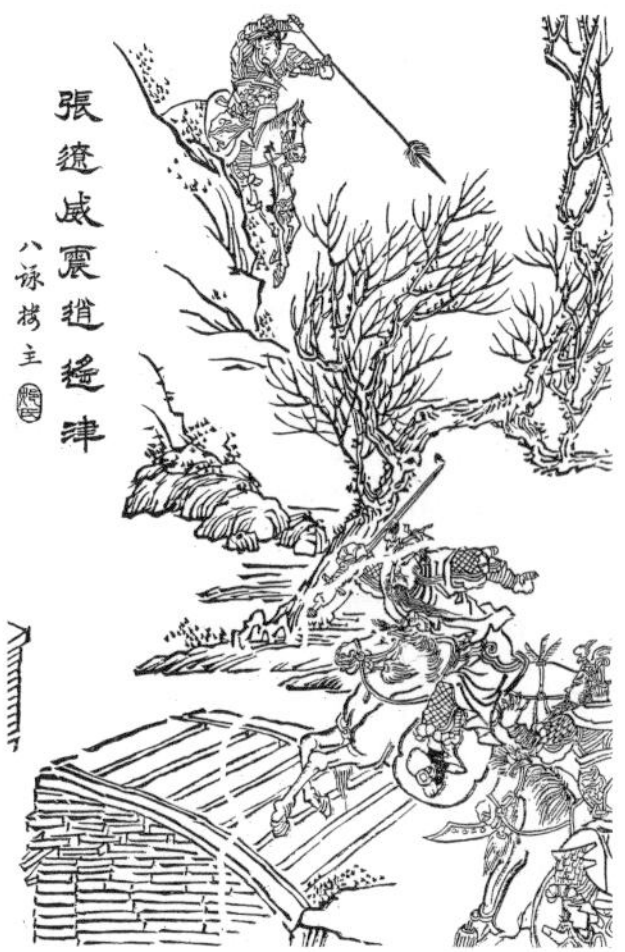


合肥で孫権を追撃する張遼

にも少数であることに気づきました。そこで孫権は、バラバラになっていた兵を集結させて、張遼を幾重にも取り囲みます。

張遼は、右に左にと押し寄せる敵を追い払い、囲みを解きましたが、まだ囲まれている兵士がいました。そこで張遼は、ふたたび包囲網を突き破り、残りの兵士を救い出して、合肥城の守備を固めたのです。張遼が自軍の兵を見捨てなかったことで、人々の心は落ち着き、孫権が十日間あまり取り囲んでも、合肥は陥落しませんでした。

孫権があきらめて退却すると、その帰り道、張遼は逍遥津《しょうようしん》（津は川の渡し場）にまたしても孫権を急襲します。川を渡る際に、途中まで渡った敵軍を攻撃することは、兵法の基本として『孫子《そんし》』にも記されています。孫権がそれすら知らないはずはなく、兵力の差が大きかったので、油断していたのでしょう。張遼は、押し合いへし合いする孫権軍に突入して、片っ端から斬りまくり、孫権の将軍旗を奪いました。

甘寧《かんねい》・呂蒙《りょもう》たちの奮戦と、淩統《りょうとう》（いずれも呉の中核を成す武将）の決死の突入によって、孫権はようやく逃れることができましたが、淩統の部下はみな討ち死にし、淩統自身も深手を負いました。以後、孫権は張遼を恐れ、諸将に、「張遼とは戦うな」と念をおします。

張遼は、このの ちも呉との戦いの最前線に立ち続け、孫権の侵入を防ぎました。文《ぶん》帝《てい》・曹丕《そうひ》は、張遼が病にかかると、太医《たいい》を派遣し、かれを行在所《あんざいしょ》まで運ばせ、自らその手を取って御衣《ぎょい》を下賜《かし》し、天子と同じ食事を与えています。父・曹操と同じく曹丕も張遼を信頼していたことがわかります。

病が小康した張遼は任地に戻りますが、その年、呉の重鎮である呂範《りょはん》を破るなど、往年の力を見せつつも、そのまま江都《こうと》で卒《しゅつ》しました。それでも孫権は「病んでいても敵は張遼だ。注意せよ」と命じて最期まで張遼を恐れていたといいます。

演義は、魏の武将のなかでは例外的に張遼をよく描いています。関羽《かんう》と友情を育み、関羽が曹操に降伏するときには使者となり、関羽が五つの関所を強行突破した際にも、関羽を追った味方を止めにいく役回りを演じています。また、赤壁《せきへき》での敗戦後、華容《かよう》道《どう》で関羽に待ち伏せされたときには、以前の恩義で見逃してもらっています。「義絶《ぎぜつ》」関羽にも認められた張遼の「勇」は、魏の武将のなかで、ひときわ輝くのです。

# 甘寧

## 外様ながら数々の功績をあげた孫権軍随一の勇将

### 鈴の音とともに

甘寧《かんねい》は、字《あざな》を興覇《こうは》といい、巴郡臨江県《はぐんりんこうけん》の人です。若いころから**任侠**《にんきょう》を好み、不良少年を集めてその親玉になっていました。その出で立ちは、水牛の尻尾の旗指物を背負い、弓で武装し、腰には鈴をつけていたので、人々は鈴の音を聞くと、甘寧たちがやってきたことを知ったといいます。その「勇」は、任侠を起源とします。

やがて、学問に感化されて改心した甘寧は、志を抱いて数百人の配下の者を連れ、荊州牧《けいしゅうぼく》の劉表《りゅうひょう》に仕えます。しかし、名士を保護して荊州学を振興していた劉表は、粗野《そや》な甘寧を評価しません。

やむなく、甘寧は劉表の部下である江夏太守《こうかたいしゅ》・黄祖《こうそ》のもとに身を寄せました。しかし、黄祖も甘寧を礼遇することはありませんでした。孫権《そんけん》が攻め寄せたとき、甘寧が孫権配下の淩操《りょうそう》（淩統《りょうとう》の父）を射殺する功績をあげても、待遇は変わりませんでした。

黄祖の部下の蘇飛《そひ》は、しばしば甘寧を重用するよう黄祖に説きましたが、聞き入れられず、不遇に嘆く甘寧に呉へ行くよう勧めました。

孫権に仕えた甘寧は、周瑜《しゅうゆ》と呂蒙《りょもう》が推薦してくれたため、孫権から旧臣と同じように扱われました。その信頼に応えてか、甘寧は、旧主・黄祖の討伐《とうばつ》を進言します。

孫権にとって黄祖とは、父の仇《かたき》でもあり、幾度と戦い続けてきた宿敵でありました。張昭《ちょうしょう》（孫権の臣下、しばしば孫権に諫言《かんげん》した）の反対を押し切った孫権は、事情をよく知っている甘寧に、全軍の指揮を任せ、黄祖を討ち取ります。孫権は、甘寧の働きにより、念願の仇討ちを果たしたうえ、江夏（荊州東部の郡）の地を手に入れたのです。

なお、このとき蘇飛が捕らえられています。甘寧は孫権の前で跪《ひざまず》き、頭を床に打ちつけて、「わたしは蘇飛のおかげで、殿の配下となることができました。かれの罪はわたしが引き受けます」と助命を願い、蘇飛の恩に報いたのです。任侠的精神を存分に発揮していることがわかります。

## 百余人で曹操軍を撃退

その後も甘寧は、持ち前の「勇」を生かして戦っていきます。

赤壁《せきへき》の戦いに勝利をおさめたあと、南郡《なんぐん》（荊州南部）に曹仁《そうじん》（魏の宗室である方面司令官）を攻めたときのことです。甘寧は、南郡の支城である夷陵《いりょう》を千人にも満たない兵で奪い取りましたが、すぐに五、六千人を率いた曹仁の猛攻を受けました。しかし、甘寧は楽しげな態度で物怖《お》じもせず、味方の援軍が来るまで城を守り抜きました。

また、関羽が数万の兵を率いて呉に迫ったときにも、少数の兵で守備につき、侵攻を防いでいます。これらの「勇」に基づく功績によって、甘寧は折衝将軍《せっしょうしょうぐん》（雑号将軍のひとつ）に昇進しました。

建安《けんあん》二十一（二一六）年、曹操《そうそう》が、**第二次濡須口**《じゅしゅこう》（濡須は安徽《あんき》省の巣湖《そうこ》を源流とし、長江に注ぐ川）**遠征**に攻め寄せました。前年の建安二十（二一五）年には、緒戦で張《ちょう》遼《りょう》の奇襲を受けて敗北を喫し、退却する際にも、張遼の急襲を受けて、孫権は捕らえられるところでした。その復讐戦となります。

曹操は、四十万人の大軍を率い、万全な態勢で攻め寄せて来ました。これに対して、甘寧は、配下の勇猛な兵士から決死隊百余人を選抜して、曹操の本陣に夜襲をかけました。大混乱を引き起こして大勝すると、孫権は大喜びで、「曹操には張遼がいるが、わたしにも甘寧がいる」と溜飲《りゅういん》をさげたといいます。

このとき甘寧は、戦いの前に兵士たちを叱咤《しった》激励し、一人一人に酌《しゃく》をして回りました。自分が「勇」なだけではありません。有能な人物を尊重し、兵士たちを可愛がったので、みな甘寧のために喜んで戦ったといいます。こうして、甘寧の「勇」は、軍全体への「勇」へと昇華したのでした。

曹操軍を奇襲する甘寧

# 第7章 荀彧と魯粛

——三国時代を代表する「智」の人の理想

## 荀彧
### 「王者を補佐する才能」をもつ筆頭幕僚

### 我が子房を得た

演義が、その智を「智絶《ちぜつ》」と称える諸葛亮《しょかつりょう》は、朱子《しゅし》からその「忠義」を絶賛された人物でもあるため、本書では、「忠」の章（第9章）で扱うことにします。ここでは、曹魏《そうぎ》の智を代表する人物として荀彧《じゅんいく》、孫呉《そんご》の智を代表する人物として魯粛《ろしゅく》を扱いましょう。

荀彧は、荀子《じゅんし》（儒家、性悪説《せいあくせつ》や「礼」の重要性を説いた）の十三世孫にあたり、後《ご》漢《かん》末の名士《めいし》の中心人物のひとりであった何顒《かぎょう》により「**王佐《おうさ》の才**」と高く評価されました。

当初は、同じ何顒グループに属する袁紹《えんしょう》の配下となっていましたが、その優柔不断を嫌い、二十九歳のとき曹操《そうそう》に身を寄せます。曹操は、「我が子房《しぼう》（前漢《ぜんかん》を建国した劉邦《りゅうほう》の謀臣である張良《ちょうりょう》）を得た」と大いに喜びました。

荀彧は献帝《けんてい》を許《きょ》に迎えることを進言し、自らは漢の侍中《じちゅう》（皇帝近侍官）・尚書令《しょうしょれい》（官房長官）となります。それとともに、曹操に多くの名士を推挙して、同じ潁川郡《えいせん》（豫《よ》州《しゅう》西部）からは荀攸《じゅんゆう》（曹操の軍師筆頭）・鍾繇《しょうよう》（長安《ちょうあん》の維持に貢献。のちに魏の三公《さんこう》に就く）・陳羣《ちんぐん》（荀彧の娘婿）、郡を越えては司馬懿《しばい》といった多くの人々を招聘《しょうへい》しました。そのうち、大臣にまで昇りつめたものは、十数人に及びます。こうして荀彧は、曹操集団下の名士のなかで、卓越した地位を築いていったのです。

曹操と袁紹との対立が本格化すると、袁紹陣営の豊富さを言い立てる孔融《こうゆう》（孔子の二十世孫）に対して、荀彧は袁紹陣営の人物それぞれの弱点を詳細に分析しました。建安《けんあん》五（二〇〇）年、官渡《かんと》の戦いが起こると、後方支援および洛陽《らくよう》と許の行政を取り仕切りました。途中、曹操が弱気になり、引き揚げを相談すると、書簡により曹操を励まし、その勝利を呼び寄せます。

建安六（二〇一）年、思うように兵糧が集まらず、袁紹との再度の決戦をあきらめ、荊州《けいしゅう》の劉表《りゅうひょう》を先に攻めようと考える曹操を止め、袁氏との戦いを優先させます。その結果、建安十二（二〇七）年、曹操は、ついに袁氏を滅ぼしたのです。

天下分け目の官渡の戦いを勝利に導き、袁氏を滅ぼさせた功績は、曹操配下で群を抜き、まさに曹操陣営の智を代表する名士といってよいでしょう。

## 最期は漢を守る

しかし、袁氏を打倒したころから、曹操が国内的に君主権力を強化し始め、荀彧と曹操との関係は次第に悪化していきます。

なかでも建安十三（二〇八）年に赤壁《せきへき》の戦いに敗れ、曹操が中国統一よりも漢に代わる魏の建国を優先するようになると、ふたりの亀裂は広がりました。荀彧たち名士は、党人《とうじん》（党錮《とうこ》の禁《きん》を受けた儒教的官僚）以来の君主権力からの自律性を継承していたために、君主が自己の権力を強化しようとしたとき、それが大きな障害となったためです。

さらに、名士の秩序の根底には儒教があり、当時の儒教は漢を正統化するための宗教であったことは対立に拍車をかけました。

董昭《とうしょう》（のちに魏の三公に就く重臣）たちが、曹操の魏公への勧進《かんじん》（推挙）を相談したとき、荀彧は正面からこれに反対しました。荀彧は、「義」・「忠貞《ちゅうてい》」・「徳」といった儒教的徳目を列挙して、換言すれば、名士層が根底に置く儒教的価値基準を掲げて反対しました。荀彧は、名士の存立基盤、かれらの価値基準を賭《か》けて曹操の行動を阻止しようとしたのです。

したがって、曹操が、漢の簒奪《さんだつ》はもとより、自分の君主権の確立や人事基準の唯才《ゆいさい》主義による統一、政治理念における法術主義を実現するためには、荀彧が押し立てる名士層の文化的価値の中心にある儒教を粉砕する必要がありました。

しかし、荀彧の殺害は、危険性が高いことでした。従子《おい》の荀攸《じゆんゆう》が曹操の軍師となり、三兄の荀衍《じゆんえん》が監軍校尉《かんぐんこうい》・守鄴《しゆぎよう》・都督河北事《ととくかほくじ》（鄴を中心とした河北の軍の監察者）であるという軍事的な問題、さらには地元の有力氏族である陳《ちん》氏・鍾《しよう》氏と結ばれた婚姻関係および交友関係により、荀彧が支えられていたからです。

それでも、曹操と荀彧との対立は決定的でした。このため曹操は、建安十七（二一二）年、孫権討伐《そんけんとうばつ》の途上、出征先の陣中で荀彧を自殺させるという周到ぶりを示しました。

荀彧は、曹操直属の臣下ではなく、献帝に仕える漢の臣下でした。その点で、漢の丞相《じようしよう》である曹操と同僚とも言えましょう。そのため曹操は、出征先に荀彧を幕僚《ばくりよう》として招き、軍の指揮者として軍中の生殺与奪の権を握っているときに、自殺に追い込んだのです。

　軍事力という君主権力の切り札により荀彧を殺害した曹操は、名士層のとりあえずの服従を得ました。ただし、九錫《きゅうせき》（王や皇帝になる前に受ける殊礼《しゅれい》）の勧進文の筆頭に名を連ねた荀攸は、荀彧殺害の二年後に卒《しゅっ》し、次代の指導者である陳羣、あるいは司馬懿など荀彧の推挙を受けた名士の動向は不安定でした。しかも、劉備《りゅうび》・孫権という敵対者と対峙《たいじ》する曹操は、国力の低下を招く名士への武力弾圧を繰り返すことは不可能です。

　名士を成り立たせている基盤は、軍事力でなければ経済力でもありません。かれらを支えているものは文化です。儒教の優越性を梃子《てこ》に文化的諸価値を専有する名士に対抗するためには、新たなる文化的価値を創出し、名士のそれを相対化するか、すべての価値を君主権力に収斂《しゅうれん》する必要があります。そこで、曹操は荀彧の殺害以前から、儒教を価値の中核に置く名士に対抗して、新たなる文化的価値の創出を試みていました。それが「文学」なのでした。

　建安文学《けんあんぶんがく》の宣揚により、「聖漢《せいかん》」一尊の儒教を革命を容認するものへと変更させた曹操は、曹丕《そうひ》に**漢魏革命**《かんぎかくめい》（漢から禅譲《ぜんじょう》を受けて魏を建国すること）を成し遂げさせました。しかし、陳羣・司馬懿という荀彧の後継者たちは、「礼」に基づき、君主権力から自律した秩序を官僚登用制度に反映させていくのです。それは、貴族制の成立と西晋《せいしん》の建国へと繋《つな》がっていきます。

## 魯粛

### 天下三分の形をつくりあげた冷徹な政治家

### 異端の現実主義者

荀彧《じゅんいく》が曹操《そうそう》陣営の智を代表するのであれば、孫権《そんけん》陣営の智を代表する者が魯粛《ろしゅく》です。魯粛を推挙した者は周瑜《しゅうゆ》ですが、ふたりの戦略は大きく異なります。赤壁《せきへき》の戦いを主導した周瑜は、戦いの正統性について、漢の丞相《じょうしょう》を騙《かた》る曹操を打倒して、孫権が漢を復興すべきである、という大義名分を主張していました。しかし、後漢《ごかん》の献帝《けんてい》を擁立し、華北《かほく》を完全に支配する曹操の覇権への対抗策としては、具体性に欠けるといわざるを得ません。たとえば、曹操のもとにいる献帝をどのように奪い返すのでしょう。その手段すら示されてはいないのです。

これに対して、魯粛の戦略は、漢への拘《こだわ》りがないだけに現実的でした。魯粛は、漢代の儒教の理想である「**聖漢《せいかん》の大一統《だいいっとう》**（漢帝国による天下統一状態）」から自由な発想を持つ異端の戦略家なのです。

魯粛は、孫権に初めて会ったとき、「曹操は強く、漢室は復興できないので、孫権は江東《こうとう》を拠点に天下に鼎足《ていそく》する状況をつくりだし、皇帝を名乗ってから天下の変を待つべきです」と、漢室復興が実現困難であること、天下統一をせずとも覇を唱えることが可能であることを提案しています。諸葛亮のような手段としての「天下三分」ではなく、目的としての「天下三分」です。魯粛の「智」は、「聖漢の大一統」という後漢の儒教から自由であるところに、その革新性があるのです。

赤壁の戦いが近づくと魯粛は、天下三分のためにも、曹操と戦い続け、曹操軍の情報を熟知している劉備《りゅうび》が必要であると主張します。しかも、劉備はその当時、曹操水軍の主力となっている荊州《けいしゅう》の劉表《りゅうひょう》軍の情報も持ち、その内部には劉備に心を寄せる者すらあったのです。このような状況を分析した魯粛は、劉備の使者の諸葛亮《しょかつりょう》を支援して、劉備との同盟を締結し、赤壁の戦いを勝利に導いたのです。

## 単刀会

戦いのあと、周瑜が卒《しゅつ》すると、大都督《だいととく》を継承した魯粛は、「天下三分」の実現のため、孫権はもとより周瑜でさえ反発した劉備の荊州南部の領有を側面から強力に支援し、劉備がほかに支配地を得るまで荊州を貸与するという変則的な案により両陣営をまとめあげます。

孫権が荊州を劉備に貸与したことを聞いた曹操は、衝撃のあまり筆を落としたといいます。曹操の視座からは、曹操に対抗させる第三極として劉備をつくりだす、という魯粛の描く戦略の大きさが、当事者の劉備や孫権以上に認識できたのでしょう。

もちろん、魯粛は、荊州をそのまま劉備に貸し続けたわけではありません。やがて、劉備が益州《えきしゅう》を領有すると、長沙《ちょうさ》・零陵《れいりょう》・桂陽《けいよう》の荊州南部三郡の返還を要求し、単独で関羽《かんう》と会見して、荊州を分割します。演義や京劇《きょうげき》では、「**単刀会**《たんとうかい》」として関羽が魯粛を圧倒する場面です。

しかし、実際には、曹操の漢中《かんちゅう》侵入を機に、劉備が孫権に歩み寄り、荊州南部を分割しています。魯粛の正当な外交交渉に、関羽は反論することもできず、魯粛は、荊州の半分を奪回したのです。呉に渦巻く反対論を押し切り荊州を貸してくれた者が、魯粛であったことを劉備や関羽はよく理解していました。

魯粛は、天下三分を目的とし、それを実現するために、天下三分を手段として「聖漢の大一統」を目指す諸葛亮の外交を支持し、赤壁の戦いのあとには荊州を劉備に貸し、呉の輿論《よろん》を納得させて、天下三分の基本をつくりあげました。

「三国時代」という形をつくりあげたのは、曹操でも諸葛亮でも周瑜でもありません。その構想は、魯粛の智より出で、魯粛の才により実現したのです。

岳陽楼（魯粛の演兵所跡）

# 第8章 孫一族と周瑜

――「信」によって成し遂げられたもの

## 孫堅が築いた軍団と名声

演義において孫呉《そんご》は、道化《どうけ》の役回りを強いられています。演義だけではありません。三国のうちどの国家が正統であるかを論ずる「正閏論《せいじゅんろん》」でも、事実として後漢《ごかん》より禅譲《ぜんじょう》を受けた曹魏《そうぎ》、国家の存立理念として漢の復興を唱える蜀漢《しょくかん》に対して、政権の延命のみに努力した孫呉の正統が主張されることは一度もありませんでした。

正閏論に決着をつけた南宋《なんそう》の朱子《しゅし》の『資治通鑑綱目《しじつがんこうもく》』で蜀漢の正統が定まったあとには、以前にも増して孫呉は不遇な扱いを受けました。

しかし、赤壁《せきへき》の戦いから一八〇〇年を経て、二〇〇八年に公開された映画「レッドクリフ」は、周瑜《しゅうゆ》を主役に愛と友情を描き出し、ようやく孫呉は復権の兆しを見せます。続いて制作されたテレビドラマ「新三国」（日本語版は『三国志 Three Kingdoms』）では、魯粛《ろしゅく》の知謀が描かれ、従来の孫呉像は変貌を遂げつつあるのです。

孫呉の基礎を築いたものは、孫策《そんさく》・孫権《そんけん》の父にあたる孫堅《そんけん》です。黄巾《こうきん》の平定に力を尽くした朱儁《しゅしゅん》（隣郡である会稽《かいけい》郡出身。後漢末を代表する将軍）に見出され、反董卓《とうたく》

# 孫氏系図

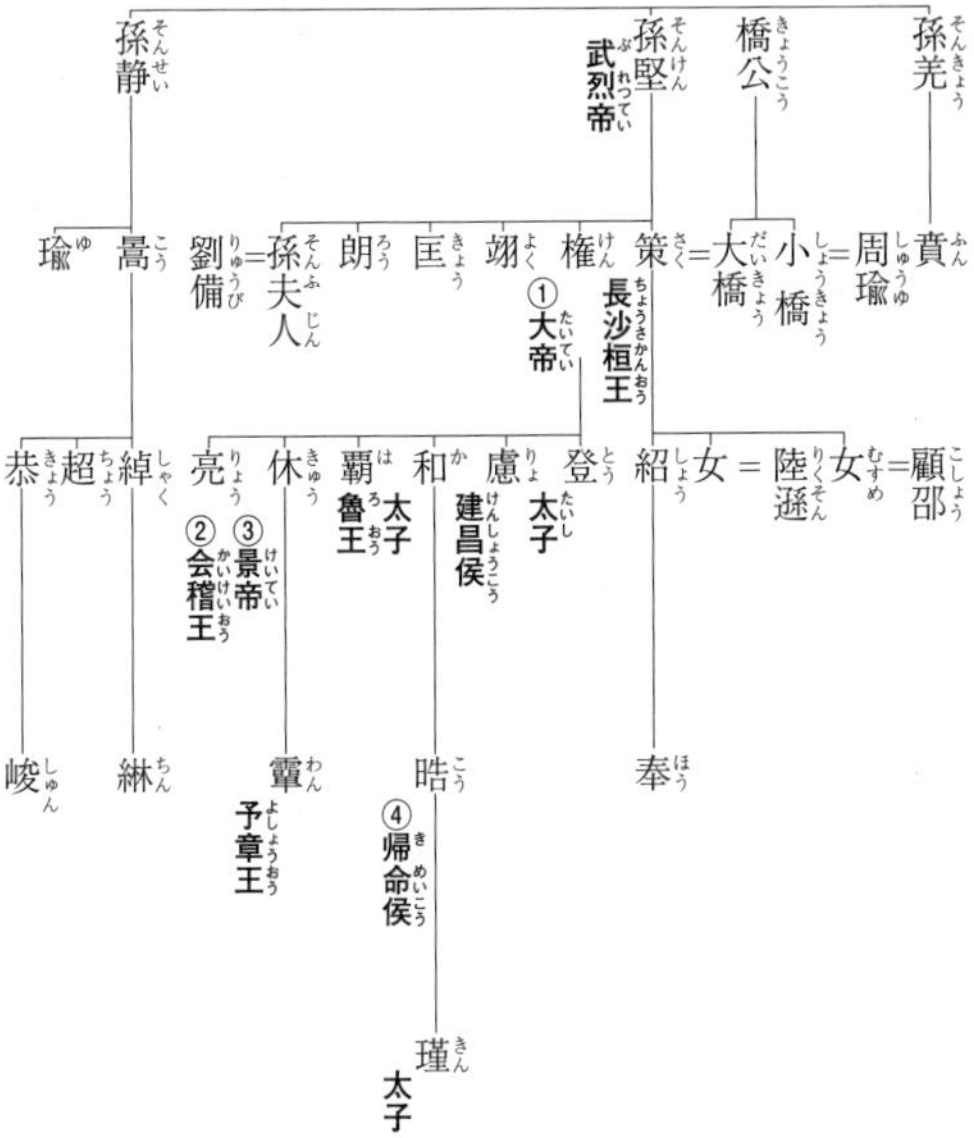
孫静《そんせい》
孫堅《そんけん》
武烈帝《ぶれつてい》
橋公《きょうこう》
孫羌《そんきょう》
瑜《ゆ》
暠《こう》
劉備《りゅうび》=孫夫人《そんふじん》
朗《ろう》
匡《きょう》
翊《よく》
権《けん》
①大帝《たいてい》
策《さく》
長沙桓王《ちょうさかんおう》
大橋《だいきょう》
小橋《しょうきょう》=周瑜《しゅうゆ》
賁《ふん》
恭《きょう》
超《ちょう》
綽《しゃく》
亮《りょう》
②会稽王《かいけいおう》
休《きゅう》
③景帝《けいてい》
覇《は》
魯王《ろおう》
太子
和《か》
慮《りょ》
建昌侯《けんしょうこう》
登《とう》
太子《たいし》
紹《しょう》
女=陸遜《りくそん》
女《むすめ》=顧邵《こしょう》
峻《しゅん》
綝《ちん》
亹《わん》
予章王《よしょうおう》
皓《こう》
④帰命侯《きめいこう》
奉《ほう》
瑾《きん》
太子

連合のなかで唯一董卓を破った孫堅ですが、その結果としての洛陽《らくよう》への一番乗りから、孫呉の悲劇は始まります。

演義は、孫堅が洛陽で入手した**伝国璽《でんこくじ》**をねこばばした結果、のたれ死ぬと予言します。

董卓が去り、最初に洛陽に乗り込んだ孫堅は、五色の光が立ち上る井戸から「伝国の玉璽《ぎょくじ》（天子が用いる印璽。秦《しん》以来、代々の王朝で継承されたという）」を発見します。これがあれば皇帝になれる、と孫堅は、病気を理由に本拠地である長沙《ちょうさ》に戻ろうとしました。しかし、密告により袁紹《えんしょう》はすでにそれを知っていたのです。「貴公が病気であることは知っている。伝国の玉璽のせいであろう」。袁紹が笑うと、孫堅は色を失います。孫堅は、「もし、わたしがそれを密かに隠し持っていたならば、いずれ将来、まっとうな死に方ができず、刀や矢のもとで死ぬことになりましょう」と誓うのでした。

こうした演義の叙述には、基づく史書があります。孫呉を正統とする韋昭《いしょう》の『呉《ご》書《しょ》』（裴注《はいちゅう》の引用で部分的に残る。正史の呉書部分の種本）が、孫堅による伝国璽の取得を記録しているのです。

孫呉末期に生きた韋昭は、建国の正統性を玉璽に求めようとしたのでしょう。しかし、裴松之《はいしょうし》は、「孫堅は漢に強い忠誠心を持っており、伝国璽を盗むはずはない。韋昭は、孫呉の正統性を主張しようとして、かえって孫堅の名誉を傷つけている」とこの記事を批判しています。伝国璽の取得に否定的なのです。

ところが、孫呉を「僭国《せんこく》（勝手に皇帝を称している偽国家）」と位置づける演義は、伝国璽のねこばばが孫堅の横死を招くと予言し、次のように的中させます。

反董卓連合が崩壊したのち、孫堅は袁術《えんじゅつ》の命を受け、荊州《けいしゅう》牧の劉表《りゅうひょう》を攻撃します。劉表とはかつて連合から離脱する際にその帰国を妨げられ、重大な損害を受けたという因縁もありました。孫堅は、劉表配下の黄祖《こうそ》が守っていた樊城《はんじょう》を抜き、更に蔡瑁《さいぼう》を破って襄陽《じょうよう》城を包囲しました。

劉表は、呂公《りょこう》に命じて、袁紹に救援を求める一方で、峴山《けんざん》に伏兵を潜ませます。呂公が東門から出ると、それに気づいた孫堅は、急いで馬に乗り、諸将にも知らせず、三十騎あまりを率いて追撃しました。しかし、峴山まで追ったところ、山上から大石が落とされ、林から矢が一斉に放たれ、孫堅は予言どおりに命を落とします。享年三十七でした。

史実における孫堅の弱みは、伝国璽よりも、江東《こうとう》の弱小豪族《ごうぞく》の出身であるため拠点を持てず、経済的に袁術に依存し続けたことにありました。その結果、孫堅の死後、その集団は袁術に吸収されたのです。

こうした場合、集団は求心力を喪失することが一般的です。事実、孫堅の元部下であった桓階《かんかい》は、新任の長沙太守《ちょうさたいしゅ》の張羨《ちょうせん》には曹操《そうそう》に与《くみ》することを勧め、自らも曹操の招きに応じ傘下《さんか》に入っています。

しかし、程普《ていふ》・韓当《かんとう》・朱治《しゅち》・黄蓋《こうがい》といった孫堅の武将達は、集団崩壊のあとにも孫氏への「信」を貫き通しました。赤壁の戦いの際にも、張昭《ちょうしょう》らが降伏《こうふく》論を唱えるなか、周瑜の指揮下、曹操との決戦の主力となった者は、「信」により結びついた孫堅以来の武将でした。これが、孫堅の息子たちへの何よりの遺産となりました。

約四百年続いた漢の権威はなお強く、漢の再興を掲げた劉備《りゅうび》、献帝《けんてい》を擁立し続けた曹操のように、のちの三国の樹立者たちはいずれも、漢への忠義を大義名分として掲げていました。他方、袁術・袁紹のように、漢に代わる国家の建設を早くから掲げる勢力は自滅しました。

陽人《ようじん》の戦いで董卓を破り、董卓に暴かれた漢の皇帝の陵墓《りょうぼ》を整備するなど、漢への忠義に貫かれた孫堅の一生は、孫策に袁術から自立する際の正統性を与えるだけでなく、孫権がやがて江東を安定的に支配する大義名分の根拠となりました。これが、息子たちへの第二の遺産です。

やがてこれは、孫策に仕えた張紘《ちょうこう》により「漢室匡輔《かんしつきょうほ》（漢を正し守る）」という理念に昇華されます。

## 孫策の江東平定

それでも、父のあとを嗣いだ孫策の待遇は、袁術の私兵も同然でした。太守《たいしゅ》の地位を約束に孫策が攻略した九江《きゅうこう》郡・盧江《ろこう》郡（ともに揚州《ようしゅう》のうち長江の北側）は、いずれも袁術直属の配下に太守の地位を奪われます。

父の遺産が生きたのは、袁術が皇帝を僭称《せんしょう》したときのことです。孫策は、袁術の不忠を非難した決別書を送りますが、その背景には父の漢への忠義がありました。袁術から自立した孫策は、周瑜の助けを得て江東を平定します。

しかし、建安《けんあん》五（二〇〇）年、曹操と袁紹が官渡《かんと》で対峙《たいじ》している隙《すき》を衝き、曹操の本拠の許《きょ》を襲って献帝《けんてい》を迎えようとした矢先、かつて殺害した呉郡太守の許貢《きょこう》の部下に暗殺されました。二十六歳のことです。

演義は、それを于吉《うきつ》なる道士の呪いによるとします。于吉が孫策を呪い殺す物語は、孫呉への思いを欠く江東出身の干宝《かんぽう》が『捜神記《そうしんき》』に記録した物語を種本に、演義がそのまま継承したものです。

同じ地方政権でありながら、蜀漢が長く蜀の人々から愛され続けることに対し、孫呉が江東で愛されない理由のひとつは、孫策による**陸康《りくこう》の族滅**にあります。

袁術の命を受け、孫策が攻撃した廬江太守《ろこうたいしゅ》の陸康は、呉郡を代表する豪族「呉の四姓《しせい》」の出身でした。呉郡の富春《ふしゅん》県の弱小豪族出身である孫氏は、陸氏を筆頭とする「陸・顧《こ》・朱《しゅ》・張《ちょう》」という呉の四姓の支持を得て、呉郡に基盤を構築することが、孫堅以来の宿願でした。

孫堅のあとを嗣いだ孫策は、袁術から自立する前に陸康を訪ねています。袁術の私兵同然の状況から抜け出すため、郷里の大豪族たちの協力を求めにいったのでしょう。しかし、陸康は自ら会おうとはせず、部下の役人に応対させただけでした。孫策は、つねづねこれを恨んでいたといいます。

父・孫堅は呉の四姓を尊重し、陸康の甥から救援を頼まれた際に、躊躇《ちゅうちょ》なく軍を進めています。それなのに、という孫策の気持ちは共有できるでしょう。ゆえに孫策は、容赦なく陸康を攻撃し、一族の大半を殺害したのです。

これにより、陸氏を筆頭とする江東の名士《めいし》・豪族は、孫策に対して抜き差しならない感情を持つに至ります。孫呉政権の滅亡まで続く、孫氏と江東との対峙性がここに生まれたのです。

臨終の際、孫策は弟の孫権に、「軍勢を動員し、天下の群雄たちと雌雄を決することでは、おまえはわたしに及ばない。しかし、賢者の意見を聞き、才能のある者を用いて、江東を保つことでは、おまえのほうがわたしよりも優れている」といい遺します。陸康を直接手にかけた自分への江東の反発を最期まで気に病んでいたことがわかるでしょう。

## 廬江の周氏

呉の四姓を筆頭とする江東名士との対立を抱える孫策が、それでも江東を平定できた理由は、ひとえに周瑜の協力を得たことによります。

周瑜は、呉の四姓とはレベルの異なる名士でした。呉の四姓の筆頭であった陸康は廬江《ろこう》太守に過ぎません。これに対して、周瑜の生まれた「廬江の周氏」は、「二世三公《にせいさんこう》」を誇る揚州随一の家柄でした。

なかでも周瑜の従祖父にあたる周景《しゅうけい》は、反宦官《かんがん》派として高い名声を持ち、故吏《こり》（元の部下）として陳蕃《ちんばん》・李膺《りよう》という「党人《とうじん》」（後漢末に宦官に対抗し、弾圧を受けた名士の源流）の中心人物や、荀彧《じゅんいく》の父である荀緄《じゅんこん》を持っています。

周瑜が「周郎《しゅうろう》」（周の若殿さま）と呼ばれ、演奏の最中に音を間違えると振りむく、といわれるほどの音楽的センスを持っていたことは、名門周氏の貴公子にふさわしい逸話なのです。正史の周瑜伝にも「姿貌《しぼう》有り」と明記される容姿端麗な名門の貴公子、それが周瑜でした。

歴代の宰相家である「廬江の周氏」には、呉の四姓クラスでは知り得ない情報も寄せられます。黄巾の乱がいかに猖獗《しょうけつ》を極めたか、横暴な董卓を破った孫堅がいかに強力であったか。

周瑜は、孫堅が華北《かほく》で転戦するあいだ、孫策ら家族を自分の郷里に呼び寄せています。策の母にも面会をし、有無を通じあって暮らしたといいます。周瑜が孫氏の面倒をみていたのです。

こうして周瑜は孫策の盟友として、江東平定に協力します。橋公の娘・大橋《だいきょう》を孫策が、妹の小橋《しょうきょう》を周瑜が娶《めと》り、義兄弟の関係を結んだほか、周瑜の娘が孫権の太子・孫《そん》登《とう》に嫁ぎ、周瑜の長子が孫権の娘を娶るなど、周氏と孫氏とは、幾重にも及ぶ婚姻関係でその「信」を深めていったのです。

## 周瑜への信

孫策が卒《しゅつ》すると、周瑜は、行政を担当した長史《ちょうし》（将軍府の幕僚《ばくりょう》筆頭）の張昭《ちょうしょう》と共に、軍を握る中護軍《ちゅうごぐん》として孫権を支えました。

もちろん孫権が「信」を置いた者は周瑜でした。周瑜の助けを得て、孫権は名士を積極的に取り込む政策を取ります。その結果、孫策のときには政権との距離を保っていた諸葛瑾《しょかつきん》や魯粛《ろしゅく》・歩騭《ほしつ》などの北来名士（長江流域より北部から移住した名士）や揚州名士が次々と政権に参入しました。

とりわけ、江東名士を代表する呉郡の陸遜《りくそん》が加入した意義は大きいものがあります。陸遜は、陸康一族の生き残りだからです。それが孫権に出仕し、さらに孫策の娘を娶ったことは、孫氏と江東名士の和解の象徴といえましょう。

こうして孫呉は、孫策の武名に依存する集団から、揚州名士の周瑜と張昭ら北来の名士とが支える政権へと変貌しました。孫権は、周瑜の支えを得て、江東支配を安定させることができたのです。

建安十二（二〇七）年、華北を統一した曹操は、いよいよ南下を開始し、たまたま卒した劉表の次子・劉琮《りゅうそう》が降伏すると、孫権にも降伏を要求します。張昭たち北来名士の降伏論が優勢ななか、ただひとり主戦論を唱える魯粛は、使者として外に出ていた周瑜を呼び返すことを求めます。

周瑜は、漢を擁護しながら、曹操を批判する主戦論を説き、呉の輿論をまとめあげます。周氏の揚州での名声の高さがわかるでしょう。君主である孫権がはね返せなかった降伏論を、周瑜ひとりの力により戦いに持ち込んだ影響力は大いに注目に値します。こうした周瑜の尽力は、孫策との「信」を弟の孫権に及ぼしたものなのでした。

## 黄蓋の偽降

曹操の率いる数十万の軍勢に対して、周瑜と程普《ていふ》（孫堅以来の宿将、武将の長であった）の指揮する孫呉軍はわずかに数万、この劣勢を覆《くつがえ》したものが、程普と同じく孫堅以来の宿将・黄蓋《こうがい》の献策でした。

黄蓋は、曹操の水軍の密集ぶりを見て、投降を装い、焼き討ちをかけることを進言します。演義では、周瑜と諸葛亮の発案とされる火攻めは、黄蓋が考案したものなのです。

演義はその功績を取り上げる代わりに、黄蓋が投降する際に、わざと周瑜に罰せられ曹操に投降を信じさせる「**苦肉《くにく》の計**」という虚構を創作

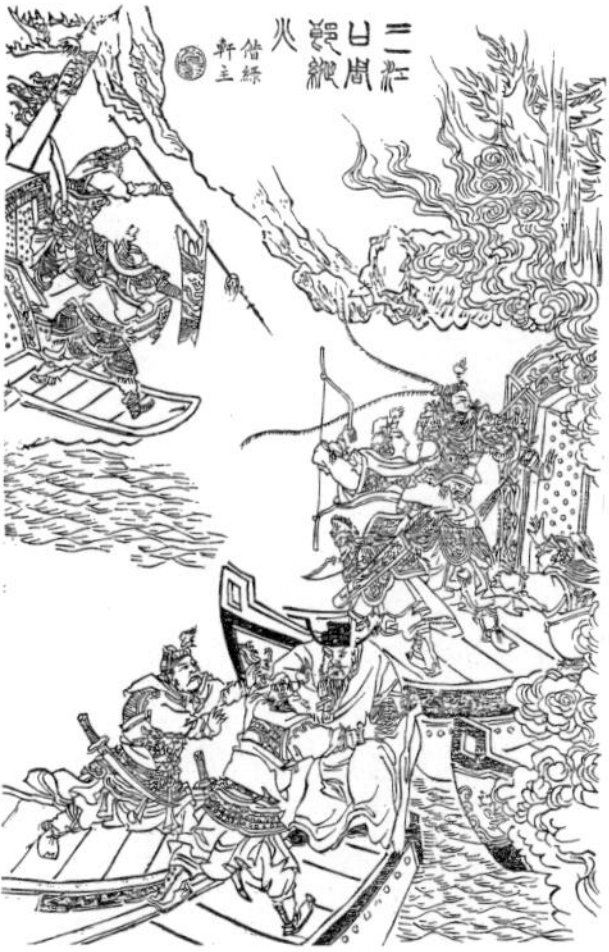

赤壁の戦い

しています。このとき、実際に孫権の一族でも内応する者がいたほど、孫呉陣営は動揺していました。ゆえに油断したのでしょう。曹操は、黄蓋の偽降を信じました。

建安十三（二〇八）年十二月、黄蓋は先陣をきって船を出します。快速船十隻に、枯れ草や柴を積みこんだ黄蓋は、折からの東南の風にのって曹操軍に近づき、兵士たちに「黄蓋が降伏する」と叫ばせました。

曹操軍まであと二里（約八百メートル）の距離で黄蓋は、船に満載した枯れ草に火をかけます。激しい東南の風にあおられた船は、炎の矢のように曹操の船団に突入します。火は、船を焼きつくして陸上の陣をも襲いました。黄蓋に続いて周瑜も、精鋭部隊を率いて

赤壁（湖南省赤壁市、周瑜が書いたという「赤壁」の文字が見られる）

上陸します。

曹操は、江陵《こうりょう》に曹仁《そうじん》と徐晃《じょこう》を、襄陽《じょうよう》に楽進《がくしん》という軍中を代表する将軍に後を委ね、許《きょ》に帰還します。赤壁の戦いは、周瑜率いる呉軍の勝利に終わったのです。

この戦いにより、孫権の君主権力も確立し、周瑜は荊州《けいしゅう》から益州《えきしゅう》を目指そうとします。しかし、周瑜は病に倒れ、あとを嗣いだ魯粛は、天下三分の計に基づき、劉備との和親に務めました。

荊州の関羽《かんう》を打倒したのは、魯粛が亡くなり、そのあとを嗣いだ呂蒙《りょもう》の策によります。しかし、呂蒙もまた病に倒れ、陸遜が軍を率いることになります。陸遜は、関羽の復讐に燃える劉備を夷陵《いりょう》の戦

赤壁の地は現在テーマパークになっている

いに破り、孫呉の危機を救ったのでした。

## 陸遜との信を欠く

魏と蜀が建国されると、孫権は呉王となり、長子の孫登《そんとう》を太子としました。黄龍元《こうりゅう》（二二九）年に孫権が皇帝に即位すると、陸遜は皇太子となった登のおもり役となりました。ところが、赤烏《せきう》四（二四一）年に登は卒し、代わって王夫人の子である孫和《そんか》が太子とされます。

しかし、王夫人《おうふじん》は孫権の娘である全公主《ぜんこうしゅ》と不和であったため、皇后に立てられなかったばかりか、ついには讒言《ざんげん》により憂死し、太子の孫和への孫権の寵愛も衰えてしまいます。

これに対して、孫和の異母弟である魯王《ろおう》の孫覇《そんは》は、失意の孫和に代わって太子の地位を狙うようになりました。こうして、孫権の晩年を揺るがす、「**二宮事件**《にきゅうじけん》」と呼ばれる、太子の孫和と魯王の孫覇の後継者争いが始まったのです。

丞相《じょうしょう》となっていた陸遜は、儒教的理念《じゅきょう》に基づき、太子は正統であり磐石の固めがあるべきで、魯王は藩臣であるのだから差をつけるべきであると主張し、江東の名士層も多くこれに賛同していました。

しかし、魯王派の勢力は、孫権の魯王・覇への寵愛を背景に強力でした。十年近くにわたる抗争の末、結局、孫権は、喧嘩両成敗の形を取って太子・和を廃し、魯王・覇に死を賜い、晩年の子である孫亮《そんりょう》を太子としますが、この後継者争いにより、呉の家臣団は大きな被害を受けたのです。

直接的に後継者争いにかかわりを持っていた太子太傅《たいふ》（太子のおもり役）の吾粲《ごさん》や朱拠《しゅきょ》、あるいは魯王派の楊竺《ようじく》は、責任を問われ誅殺《ちゅうさつ》されました。それだけではありません。呉を支えてきた丞相の陸遜は、甥の顧譚《こたん》・顧承《こしょう》や姚信《ようしん》らが、みな皇太子の懐刀になっていると言いがかりをつけられ、むりやり流罪《るざい》にされました。

さらに、孫権は、宮廷からの使者を、流罪にされている陸遜のもとに幾度も派

孫権の本拠地（建業）

遺して、かれを責めたて、陸遜は憤りのあまり死去したのです。

劉備を夷陵の戦いで破り、魏の侵略を幾たびもくい止め、呉の中心人物と目されていた丞相の陸遜が、流罪のうえ罪を責めたてられ続けて死ぬとは、あまりに不遇な最期です。

周瑜や魯粛は、後世の演義でこそ不遇ですが、史実では最後まで孫権との「信」を持ち続けていました。かれらの功績は、死後も折に触れて孫権によって讃えられています。これとは対照的な陸遜への「不信」は、陸氏と孫氏の因縁の関係に起因します。廬江《ろこう》郡で包囲された陸康《りくこう》が、一族の弱者を呉へと避難させるとき、その集団を率いたのが陸遜なのでした。それでも陸遜は孫権に出仕して孫策の娘を娶り、一時は和解を容れる様子を見せました。しかし、陸康の子である陸績《りくせき》が、自己の墓碑に「有漢《ゆうかん》の志士」と書き残し、漢に代わる孫氏の支配の正統性を認めなかったように、孫氏に対する江東名士層の反感は、完全に消えたわけではありませんでした。

加えて、孫権が国家を樹立して君主権力を強化しようとしたとき、経済的な基盤が乏しいがゆえに呉に官僚として寄生する必要性がつねに存在する北来の名士層とは異なり、土着の勢力を有する江東名士層は警戒すべき存在でした。ゆえに、孫権は、自己の権力を確立するために寒門（弱小豪族）出身の近臣を重用するだけではなく、江東名士層の勢力の弱体化の機会をうかがっていたのです。

二宮事件が、陸遜を筆頭とする江東名士層に打撃を与えた背景には、こうした孫氏と江東名士層との「不信」が潜在的な要因として存在していたのです。太子・和とともに迫害された人士に呉郡・会稽《かいけい》郡・丹陽《たんよう》郡というわゆる「三呉」出身の人々が多い事情は、こうした背景により説明できるのです。呉郡の弱小豪族出身である孫氏が、君主権力を確立するためには、同郡の名士層であった陸遜らを弾圧する必要があったのです。

陸遜の死は、江東の名士・豪族層へ呉に対する失望感を与えるのに十分でした。さらに、孫権の死後、暴虐な皇帝が続いた呉は、いつ滅亡してもおかしくない政権に成り下がりました。それが、三国政権のなかで最も長寿の政権となった理由は、魏の内部において、司馬氏が台頭して晋《しん》を形成するという革命が進行していたためで、晋が成立すると国力の劣る呉は、天紀《てんき》四（二八〇）年、晋によって滅ぼされて三国時代は幕をおろすのです。

# 第9章 諸葛亮

——君臣関係を「忠」で貫いた軍師

## 𓊆 その名を千載に伝える理由

演義の前半の主役が、曹操《そうそう》（姦絶《かんぜつ》）と関羽《かんう》（義絶《ぎぜつ》）であれば、後半の主役は智絶《ちぜつ》・諸葛亮《しょかつりょう》です。中国では、関羽への信仰にどうしても一歩譲る諸葛亮が、日本では最も人気を集めることについて、詩人の土井晩翠《つちいばんすい》は、その理由を悲運に求めています。「星落秋風五丈原」のなかで、晩翠は、

祁山《きざん》悲秋の風更《ふ》けて
陣雲暗し五丈原《ごじょうげん》
零露《れいろ》の文《あや》は繁くして
草枯れ馬は肥ゆれども
蜀軍の旗光無く
鼓角の音も今しづか
丞相《じょうしょう》病篤かりき……

高き尊きたぐいなき
悲運を君よ天に謝せ……

と歌っているのです。

しかし、演義は、日本人の好む悲運の人としての諸葛亮を強調することよりも、「魔絶」ともいうべき、諸葛亮の超人的な能力を描いているように思えます。

諸葛亮が演義で用いる道術（道教《どうきょう》の秘術）のなかで、最も有名なものは、赤壁《せきへき》の戦いに際して東南の風を呼ぶ「**借東風**《しゃくとうふう》」です。

演義によれば、火攻めには東南の風が必要であることを知り、病気になって寝込んでしまった周瑜《しゅうゆ》に対して、諸葛亮はその心理を「欲破曹公、宜用火攻。万事倶備、只欠東風（曹公《そうこう》を破《やぶ》らんと欲《ほっ》すれば、宜《よろ》しく火攻《かこう》を用《もち》うべし。万事《ばんじ》倶《とも》に備《そな》われど、只《ただ》東風《とうふう》を欠《か》く）」という十六文字で見抜きます。

仰天した周瑜が、その対処を求めると、諸葛亮は、「わたしは非才ですが、かつて異人より『奇門遁甲天書《きもんとんこうてんしょ》』を伝授され、風を呼び雨を降らせることができます」と宣言して、七星壇《しちせいだん》を設けて道術を行い、風を呼んで赤壁の戦いが始まります。

ただし、七星壇で行われる道術には、あまりリアリティがありません。このため、諸葛亮は季節はずれの風が吹くことを知っていた、すなわち「風を読んでいた」と説明されることが多いようです。

裴注《はいちゅう》に引く『江表伝《こうひょうでん》』（これが最も詳しく史実の赤壁の戦いを伝える。裴注に引用される以外は、ほぼ散佚《さんいつ》）には、黄蓋《こうがい》が曹操軍に火攻めを行ったとき、「東南風急（東南《とうなん》の風急《かぜきゅう》なり）」であったと記されていますが、もちろんこれは自然現象であって、諸葛亮が風を呼んだわけではありません。そもそも人間が「風を呼べる」はずはないのです。

## 諸葛祭風

とはいえ、せっかくの小説の虚構をそんなに「正しく」読んではおもしろくありません。元代《げん》に成立した『三国志平話《さんごくしへいわ》』には、すでに「諸葛祭風《しょかつさいふう》」の場面があり、同じく元代には、「七星壇諸葛祭風」という雑劇《ざつげき》もありました。諸葛亮が風を呼ぶ話は、講談のなかから出来あがったものなのです。

演義のなかで、諸葛亮は、『奇門遁甲天書』を伝授され、それによって「風を呼べる」と明言しています。それならば、『奇門遁甲天書』を探せばよいのです。

『三国志通俗演義《つうぞくえんぎ》』がまとめられた明《みん》代には、『秘蔵通玄変化六陰洞微《ひぞうつうげんへんげりくいんどうび》遁甲《、、》真経《しんけい》』（『正統道蔵《しょうとうどうぞう》』所収）という道教経典《けいてん》がありました。「遁甲」しか共通しませんが、そこに記された道術を会得《えとく》すると、六丁《りくてい》・六甲《りくこう》の神兵を使い、風を呼び、縮地《しゅくち》の法（地面の距離を操る術）を行うことができる、と書いてあります。これらはすべて諸葛亮の使う道術です。それどころか、『秘蔵通玄変化六陰洞微遁甲真経』には、この経典は諸葛亮が会得して使ったものだ、と明記されています。演義の諸葛亮は、これを使って風を呼んだに違いありません。

この経典に記された符籙《ふろく》（おふだ）を使えば、六丁・六甲の神兵を操ることができるほか、風・雲・雷・

七星壇で風を呼ぶ諸葛亮

風を呼び、木牛・木馬（流馬ではない）を使うことができるといいます。図の「呼風《こふう》符《ふ》」は、風を呼ぶための符籙です。

符籙を書くだけでは、風は呼べません。風を呼ぶには、まず神を呼び出す必要があります。

神を呼ぶためには、「発爐《はつろ》」というポーズを取ります。発爐とは、左手の中指を押して、神を呼ぶ動作のことです。

発爐のあとには、結界《けっかい》をつくって聖域を生み出さなければなりません。結界をつくるためには、「罡歩《こうほ》」を行います。罡歩は禹歩《うほ》ともいい、北斗七星の形にステップを踏む足運びのことです。

結界をつくったあとは、「破邪《はじゃ》」を行い邪魔をしに来る魔物を払う必要があります。破邪のためには、「叩歯《こうし》」を行います。叩歯とは、上下の歯をカチカチとかみ合わせることです。

これで準備は完了です。あとは呪文を唱えればよいのです。ただし、道教経典に多いことですが、『秘蔵通玄変化六陰洞微遁甲真経』には呪文が記されていません。呪文は口伝《くでん》なのです。

ちなみに、『三国志平話』の諸葛亮は、風を呼ぶときに叩歯をしています。「三国志」の物語が、本来こうした道術と密接な関係にあったことをいまに伝えています。ところが、毛宗崗《もうそうこう》本の演義には、禹歩や叩歯は記されません。元代中期の『三国志平話』から時代を下るにつれ、儒教《じゅきょう》的な歴史観に基づきながら物語を史実に近づける作業が繰り返されて、道教の教義や道術は、小説に載せてもらえなくなったのです。

こうして、演義は、諸葛亮の道術の合理化に努め、道教とのかかわりを少なくしていったのです。諸葛亮は「智絶」であって、「魔絶」でも「妖絶」でもありません。

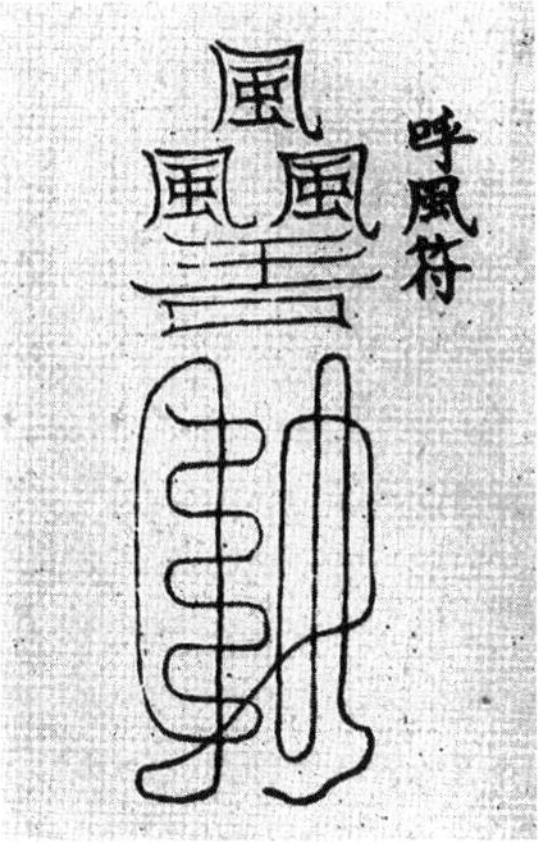

呼風符

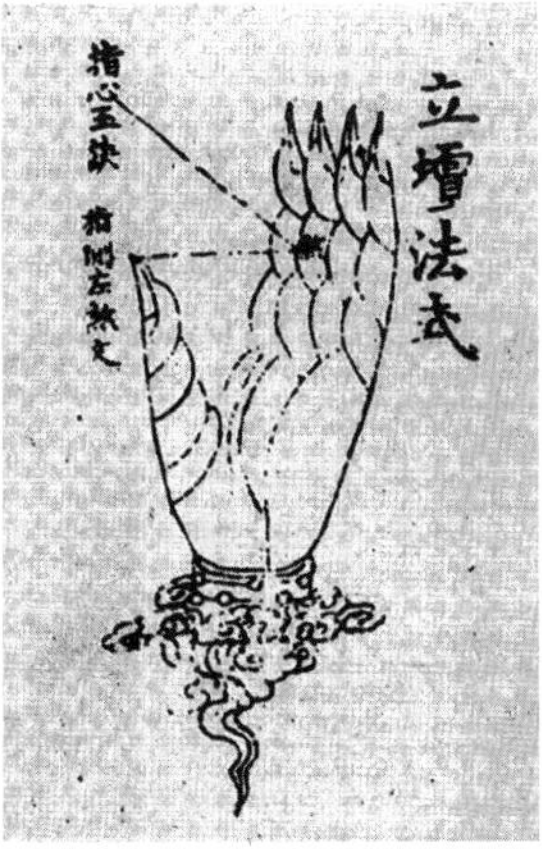

発爐

諸葛亮の道術は、異人から伝授された『奇門遁甲天書』を学んだ叡智《えいち》の結果として発揮されるのです。黄巾《こうきん》の張宝《ちょうほう》（張角の次弟）たちが使う妖術とは一見して起こす現象は似ているようでも、起源を異にする、とするのです。このため、道教の教義をそのまま小説に載せることはなかったのでしょう。

そして、そこには、知識人層の諸葛亮像が「智絶」ではなかった、という理由もあります。官僚登用試験である科挙の中心に置かれていた朱子学《しゅしがく》を集大成した朱熹《しゅき》は、諸葛亮を「忠義」の人と捉えていました。そして、諸葛亮が「忠」であることは、陳寿《ちんじゅ》が『三国志《さんごくし》』で最も強調

風を呼んだとされる拝風台（赤壁山）

したい部分でした。
史実の諸葛亮の姿を見ていくことにしましょう。

## 荊州学を修める

史実の諸葛亮は、常識人です。人が驚くような奇策を思いつくタイプではありません。騙《だま》しあいを基本とする戦いは得意としません。ちなみに、儒教の祖である孔子《こうし》も、徹底的な常識人でした。『論語《ろんご》』にも、人として生きていくうえで当たり前の道徳が、懇々と説かれています。

諸葛亮の学問は、儒教を根底とします。演義で使う道術の基本である道教を学んだわけではないのです。諸葛亮は、儒教のなかでもとくに、実践的・理智的な荊州学《けいしゅうがく》を身につけていました。

後漢《ごかん》の儒教を集大成した鄭玄《じょうげん》の経学《けいがく》は、経典の細かい解釈に拘《こだわ》る精密な学問と儒教の超越性を支える神秘性の承認を特徴とします。たとえば、鄭玄は経典の解釈のなかで、漢を建国した劉邦《りゅうほう》を赤帝赤熛怒《せきていせきひょうど》の精である赤龍《せきりゅう》に感じて生まれた感生帝《かんせいてい》（人間以外のものから生まれた神の子）である、としていました。漢の神聖性を保障する宗教として、儒教は国教化されていたのです。

諸葛亮が司馬徽《しばき》（荊州学を主導した学者）に学んだ荊州学は、こうした神秘主義的な解釈を否定する現実的な儒教です。荊州学の流れを汲む王粛《おうしゅく》（西晋《せいしん》の武帝の外祖父）は、感生帝説を否定する理智的な経典解釈を行い、鄭玄とならぶ訓詁学《くんこがく》（古典解釈学）の二大潮流を形成していきます。

また、荊州学は、儒教が実践的であることを重視していました。乱世を平定できなければ、思想としての意味はないとするのです。このため、諸葛亮は儒教経典の『春《しゅん》秋左氏伝《じゅうさしでん》』を規範として、自らの政策を定めていきます。

そうした学問の営みのなかで、滅びていこうとする後漢の現状に対して、漢による天下の再統一への基本方針として示したものが「**草廬対**《そうろたい》」（隆中対《りゅうちゅうたい》。「対」とは答えのこと。三顧《さんこ》の礼《れい》を尽くした劉備《りゅうび》の諮問《しもん》に対して、自らが住んでいた隆中《りゅうちゅう》の草廬（粗末な家）で答えた基本方針）でした。

## 手段としての天下三分

「草廬対」は、よく「天下三分の計」といわれますが、三分は手段であって目的ではありません。曹操《そうそう》は強く、単独では当たれないので孫権《そんけん》と結び、とりあえず天下三分の形をつくります。そして、荊州と益州《えきしゅう》からそれぞれ洛陽《らくよう》と長安《ちょうあん》を取り、曹操を滅ぼしたあとには、言及していませんが、孫権を滅ぼして漢による天下の統一を復興するのです。つまり、諸葛亮の草廬対は、漢による天下統一策なのです。

これは当時において、きわめて常識的な戦略でした。漢は、これまでに一度、王莽《おうもう》によって滅ぼされています。これを前漢《ぜんかん》といいます。光武帝《こうぶてい》・劉秀《りゅうしゅう》は、漢の復興を唱えて黄河《こうが》の北に拠点をつくり、洛陽と長安を取り、蜀《しょく》の公孫述《こうそんじゅつ》を滅ぼし、天下を統一して漢を中興しました。これが後漢です。それとは逆のルートになりますが、華北《かほく》を曹操が掌握し、長江《ちょうこう》下流域に孫権がいる以上、残った荊州と益州を拠点として、洛陽と長安を取ろうとするのは、ほかに選択肢が思い浮かばないほど、当たり前の戦略でした。

それ以上に、草盧対は、後漢の国教である儒教が掲げる大原則、「聖漢《せいかん》」による「大一統《だいいっとう》」（漢による中国統一）に忠実です。これを無視する魯粛《ろしゅく》の策が革新であるならば、草盧対は保守本流の王道でした。

草盧対はやがて破綻します。劉備が益州を取ったあと、関羽が曹操と孫権の挟み撃ちにあい、荊州を失ったためです。

益州から長安を攻めるためには、蜀の桟道《さんどう》を通らねばならず、大きな困難を伴います。荊州から洛陽を攻めるほうが、はるかに容易なのです。荊州を失ったことは「草盧対」で示した基本方針が、そのままでは継続できなくなったことを意味します。

それでも諸葛亮は、政策継続のための努力を怠りませんでした。荊州から攻めあがる役割を曹魏《そうぎ》に降伏していた蜀漢《しょくかん》の元将軍である孟達《もうたつ》に期待し、その失敗後は、北伐《ほくばつ》と同時に同盟国の孫呉《そんご》が曹魏に攻め込むよう外交努力を続けます。あくまでも、自らの基本方針を貫き通したのです。

諸葛亮の「智」は、当時の常識とブレない方針、そしてそれを実現するための弛《たゆ》まぬ努力から成り立っていたのです。

## 君自ら取るべし

劉備が建国した蜀漢は、関羽が荊州南部を失ったあとは、益州だけを統治しますが、政権の枢要官《すうようかん》は荊州名士《めいし》が独占していました。それは、荊州に名声の場を持つ諸葛亮が、自らの政治基盤として荊州名士を優遇したことによります。自らの「智」の実現には、政治権力が必要なのです。

もちろん劉備も、それに手を拱《こまね》いていたわけではなく、法正《ほうせい》（漢中《かんちゆう》獲得に貢献した蜀漢随一の謀臣）を寵愛《ちようあい》して対抗しましたが、法正の病死と諸葛亮が益州

蜀の桟道（切り立った崖に丸太で作った路）

在住の荊州名士までを優遇したことに、抗しえなかったのです。

それでも入蜀《にゆうしよく》を機に、諸葛亮の勢力基盤である荊州名士は、弱体化していきました。龐統《ほうとう》は益州獲りの最中に戦死し、馬良《ばりよう》・廖立《りようりつ》・向朗《しようろう》・潘濬《はんしゆん》らは、荊州保持のため残留し、やがて荊州の失陥がそれに拍車をかけます。

劉備の寵愛を背景とする法正の勢力拡大に対して、諸葛亮は、益州在住の荊州名士である李厳《りげん》・董和《とうわ》・費禕《ひい》らを積極的に登用・優遇して、勢力基盤の補強を図ります。益州在住の荊州名士に人物評価を行うことで、荊州以来の諸葛亮を中心とした荊州名士社会に仲間入りをさせ、それに見合った地位に抜擢《ばつてき》して政権の要職に就けていくことで、自らの勢力基盤を補強したのです。

こうした諸葛亮と劉備とのせめぎあいのなかで、劉備は関羽の仇討ちに赴き、夷《い》陵《りよう》の戦いで陸遜《りくそん》に敗れて、白帝城《はくていじよう》で最期を迎えます。正史は、劉備の遺言を次のように伝えています。

「若《も》し嗣子《しし》輔《たす》く可《べ》くんば、之を輔けよ。如《も》し其《そ》れ不才なれば、君自ら取る可し（もし嗣子〔劉禅《りゆうぜん》〕が補佐に値す〔る才があ〕れば、補佐してほしい。もし才がなければ、君が自ら（君主の地位を）取るべきである）」

正史を著した陳寿は、先主《せんしゅ》（劉備）伝に評をつけ、この言葉に君臣の信頼関係を象徴させて、このあとの諸葛亮の一生は、劉禅《りゅうぜん》を託された信頼に応える忠《ちゅう》で貫かれていた、と強調しています。

しかし、明末の思想家である王夫之《おうふうし》（王船山）は、劉備の遺言を出してはいけない「乱命《らんめい》」であるとし、「この遺言から、劉備が諸葛亮を、関羽のように全面的には信頼していないことがわかる」と述べています。

遺孤の劉禅を託す劉備

たしかに、誰の目にも劉禅に皇帝としての才がないことは明らかでした。遺言の「如し其れ不才」より前の部分は、あまり意味を持ちません。諸葛亮に対し、劉禅に代わって即位せよ、といっているのも同然なのです。そのため、李厳《りげん》は諸葛亮に「そろそろ九錫《きゅうせき》（皇帝になる前に臣下が受ける九つの特権）を受けたらどうですか」と勧めています。劉備の遺命に基づき皇帝になる準備をせよ、というのです。

諸葛亮は、笑ってごまかすしかありませんでした。劉禅に才能がなければ自分が即位することは、劉備の命令です。かといって、命令に従えば、諸葛亮を父と慕う劉禅を裏切り、漢の復興という志を捨てることになります。このように臣下が従うことのできない君主の命令を「乱命」と呼ぶのです。

こうした遺言を劉備が残した理由は、陳寿が強調する忠のベールを剥がすと見えてくる、劉備と諸葛亮のあいだの緊張関係にあります。

諸葛亮たち名士の抱負は、自分たちが政権の中心となり、新たなる理想の国家を建設することにありました。そのためには、君主と争ってでも政策を推進していきます。具体的には、劉備に嫌われていた劉巴《りゅうは》（第1章参照）の任用をめぐり、劉備と諸葛亮とはせめぎあっていました。

劉巴の経済的な才能を評価する諸葛亮は、いやがる劉備を押し切り、行政長官である尚書令《しょうしょれい》に任命させます。尚書令は、かつて劉備が諸葛亮とそりの合わない法正を据えて、諸葛亮の勢力を牽制《けんせい》していた官職でした。やがて、劉巴は、銅銭の不足によるインフレ・景気後退に対応して、蜀の特産である鉄を利用した鉄銭《てっせん》を鋳造《ちゅうぞう》し、インフレを解消して経済を安定させています。

劉備の遺言は、諸葛亮とのせめぎあいの結果出された「乱命」なのです。関羽・張《ちょう》飛《ひ》のみならず、夷陵の戦いで挙兵以来の兵を失った劉備は、「乱命」により諸葛亮の即位に釘を刺すことでしか、劉禅の未来を守れない、と考えたのでしょう。

## 南征の開始

臨終に際して、劉備に疑われたことは、諸葛亮には心外であったに違いありません。それでも、漢室の復興の志と誠実な人柄が、諸葛亮を忠臣としました。

諸葛亮は、劉備の乱命を無視して、劉禅を全力で補佐していきます。国是《こくぜ》である曹魏を打倒する北伐の準備として、孫呉と同盟を修復したうえで、南征《なんせい》を行います。

諸葛亮の益州統治は、経済的に益州豪族《ごうぞく》の利害と競合しない努力がなされたことに特徴があります。その典型が北伐の準備として行われた南征と南中《なんちゅう》(現在の雲南省)

統治です。

諸葛亮は南征により、南中から、金・銀・丹・漆《うるし》・耕牛・戦馬を納めさせ、軍事と国家の需要に対応しました。また、その後の南中統治でも、異民族の持っていた漆や塩池《えんち》を国有化し、南中の開発に努めます。

さらに、「飛軍《ひぐん》」と称する異民族部隊をつくり、王平《おうへい》（魏から降伏した武将）に率いさせました。そして、異民族を教化し、あるいは蜀に移住させることにより、戸口の増加をも図ったのです。

さらに、諸葛亮は南征により、**「西南シルクロード」**を開拓しました。西南シルクロードとは、中国の成都《せいと》から雲南・インドシナ半島の北部・インドを通って中央アジアに至る東西交易路です。諸葛亮は、それにより最も重要な塩と鉄を確保したほか、梔子《くちなし》や椒《はじかみ》（山椒）といった植物や水銀・銅・鉄などの鉱物や竹・木でつくった民芸品や牛馬や奴隷を重要な交易品として扱いました。

しかも、鉱物の産出地で材料を調達すると、そのまま同地で製錬《せいれん》を行い、南中の生産力を高めると共に、その産業を国家として掌握したのです。

もちろん、諸葛亮は、益州そのものの経済発展も支援しました。益州の農業生産の

諸葛亮の南征

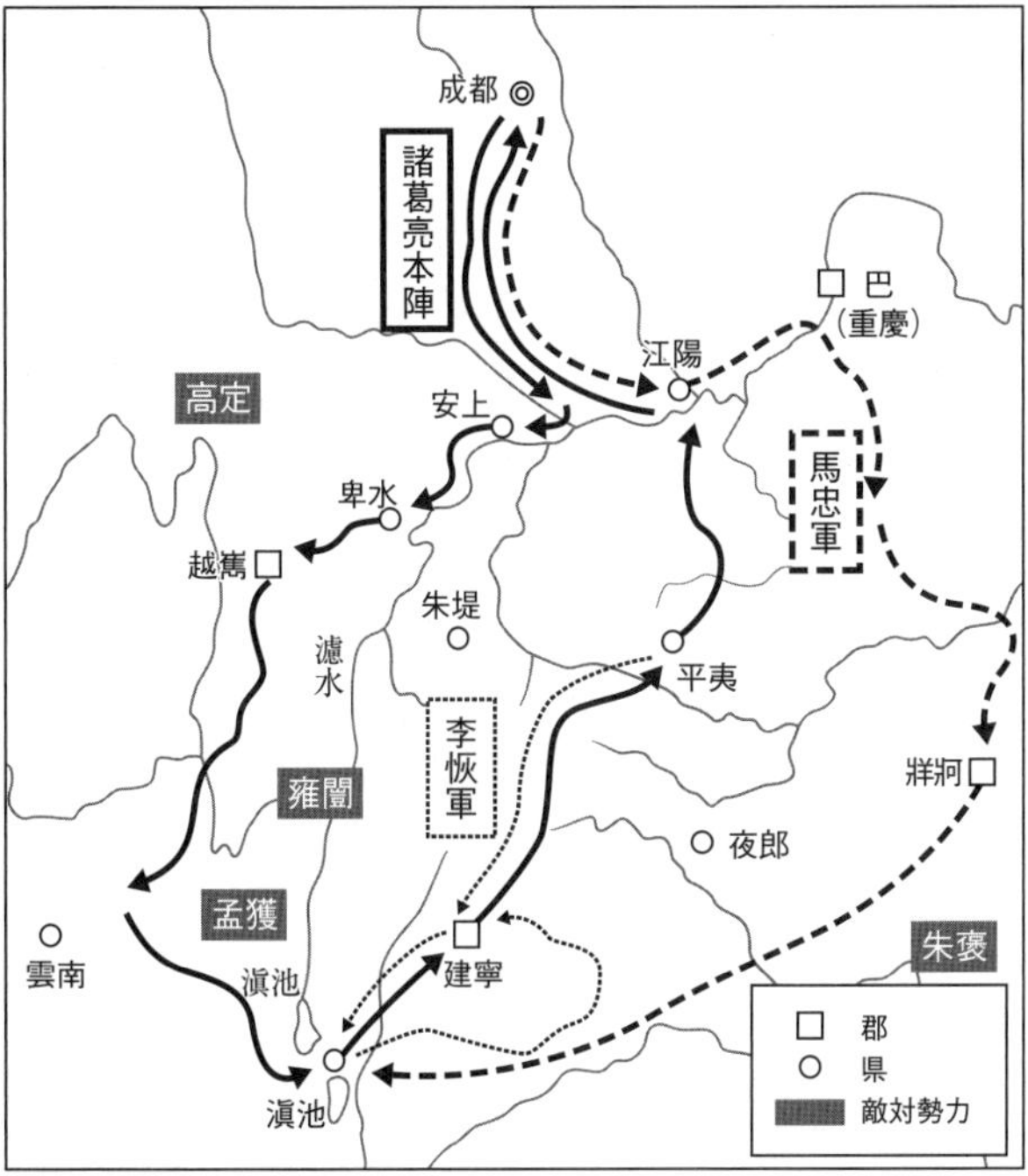
成都
諸葛亮本陣
巴
（重慶）
江陽
高定
安上
卑水
越嶲
馬忠軍
朱提
瀘水
平夷
李恢軍
雍闓
牂牁
夜郎
孟獲
雲南
滇池
建寧
朱褒
滇池
郡
県
敵対勢力

かなめである都江堰《とこうえん》には、堰官《えんかん》（都江堰を管理する官）を置き、水利を管理します。また、司塩校尉《しえんこうい》（塩の専売を管轄）を置いて、塩・鉄専売で利益をあげさせたのです。あるいは漢嘉《かんか》で金、朱提《しゅてい》で銀を採掘し、鉄山の所有と開発により、武器の製作に努めました。

　そして、曹魏戦では、軍屯《ぐんとん》（軍隊が行う屯田）を行って兵糧の自給に努め、督農《とくのう》（農業を監督）を置いて農業を掌《つかさど》らせました。さらに、蜀の特産品である錦の生産にも力を注ぎ、生産された蜀錦《しょくきん》は、西南シルクロードを経て遠くインドにまで輸出されたのです。繰り返される北伐に益州から不満の声が上がらなかった理由のひとつは、このような諸葛亮の経済政策の成功がありました。

## 出師の表

　南征により準備を整えた諸葛亮は、国是である魏への北伐に向かいます。その際、劉禅に捧げたものが「出師《すいし》の表《ひょう》」です。「これを読んで泣かない者は不忠である」といわれ、日本でも読み継がれてきた「忠」を代表する文章です。

先帝《せんてい》（劉備）創業《そうぎょう》未《いま》だ半《なか》ばならずして中道《ちゅうどう》に崩殂《ほうそ》せり。今《いま》天下《てんか》三分《さんぶん》し、益州《えきしゅう》疲弊《ひへい》す。此《こ》れ誠《まこと》に危急存亡《ききゅうそんぼう》の秋《とき》なり。……臣《しん》（諸葛亮）は本布衣《もとふい》、躬《みずか》ら南陽《なんよう》に耕《たがや》し、苟《いやしく》も性命《せいめい》を乱世《らんせい》に全《まっと》うし、聞達《ぶんたつ》を諸侯《しょこう》に求《もと》めず。先帝《せんてい》、臣《しん》の卑鄙《ひひ》なるを以《もっ》てせず、猥《みだ》りに自《みずか》ら枉屈《おうくつ》し、三《み》たび臣を草廬《そうろ》の中に顧《かえり》み、臣に諮《はか》るに当世《とうせい》の事を以《もっ》てす。是《これ》に由《よ》り感激《かんげき》し、遂《つい》に先帝に許《ゆる》すに駆馳《くち》を以《もっ》てす。……今《いま》南方《なんぽう》已《すで》に定まり、兵甲《へいこう》已《すで》に足《た》れば、当《まさ》に三軍《さんぐん》を奨率《しょうそつ》し、北のかた中原《ちゅうげん》を定むべし。庶《ねが》わくは駑鈍《どどん》を竭《つく》し、奸凶《かんきょう》を攘《はら》い除《のぞ》き、漢室《かんしつ》を興復《こうふく》し、旧都《きゅうと》に還《かえ》さん。此《こ》れ臣が先帝に報《むく》いて、陛下《へいか》に忠《ちゅう》なる所以《ゆえん》の職分《しょくぶん》なり。……臣恩《おん》を受《う》くるの感激《かんげき》に勝《た》えず。今《いま》遠《とお》く離《はな》るるに当《あ》たり、表《ひょう》に臨《のぞ》みて涕零《なみだお》ち、言う所《ところ》を知《し》らず（『三国志』諸葛亮伝）。

諸葛亮は、出師の表のなかで十三回も「先帝」という劉備を指す言葉を用いています。劉禅に捧《ささ》げたにもかかわらず、「陛下」という劉禅への呼びかけは六回に過ぎません。「先帝」を多用するのは、自らが劉備の信任を受けて、劉禅に忠を尽くしていることの確認のためです。劉備の遺言がそうした配慮を諸葛亮に必要とさせているのです。

幸い、劉禅は諸葛亮を固く信じ続けました。亡国の暗君として有名な劉禅ですが、諸葛亮を「相父《しょうほ》」（丞相である父）と慕い、全く疑わなかったことは、諸葛亮が忠臣として生を全うできた大きな要因として、もう少し評価されてもよいでしょう。

## 北伐の開始

諸葛亮の第一次北伐は、趙雲《ちょううん》に褒斜道《ほうやどう》から郿《び》をうかがう陽動作戦を行わせ、自らは大軍を動かすために最も安全な関山道《かんざんどう》を通って天水郡《てんすいぐん》の攻略を目指すものでした。国力の優る曹魏に対して、直接長安・洛陽を攻めるのではなく、長安から涼州《りょうしゅう》に至る道を遮断して涼州を確保し、西域への道や異民族を掌握して、曹魏と戦う後方拠点をつくろうとしたのです。非凡な戦術といえましょう。

諸葛亮は、擬兵に惑わされた曹真《そうしん》（曹操世代没後における宗室の中心的司令官）が主力を郿に集めている隙《すき》に天水郡を占領、南安郡《なんあんぐん》・安定郡《あんていぐん》をも攻略します。しかし、隴西太守《ろうせいたいしゅ》の游楚《ゆうそ》は守りを固めて援軍を待ち、涼州刺史《しし》の徐邈《じょばく》も州兵に金城《きんじょう》太守《たいしゅ》の軍をあわせて東方に動員しました。
曹魏の明帝《めいてい》（曹叡《そうえい》、第二代皇帝）は、自ら長安に出陣するとともに、孫呉に備えていた張郃《ちょうこう》を援軍の先鋒とします。諸葛亮は、街《がい》亭《てい》で張郃を迎え撃つこととし、その重任に**馬《ば》謖《しょく》**を抜擢しました。ところが馬謖は、策に溺れて張郃に敗退、北伐は緒戦から躓《つまず》いたのです。

蜀漢は、益州を基盤とする国家でありながら、政権の枢要官は荊州名士が優越していました。それは、荊州に名声の場を持つ諸葛亮が、法正を寵愛するような劉備とのせめぎあいのなかで、自らの権力基盤として荊州名士を優遇したためです。

もちろん、諸葛亮は、劉備の死後に全権を

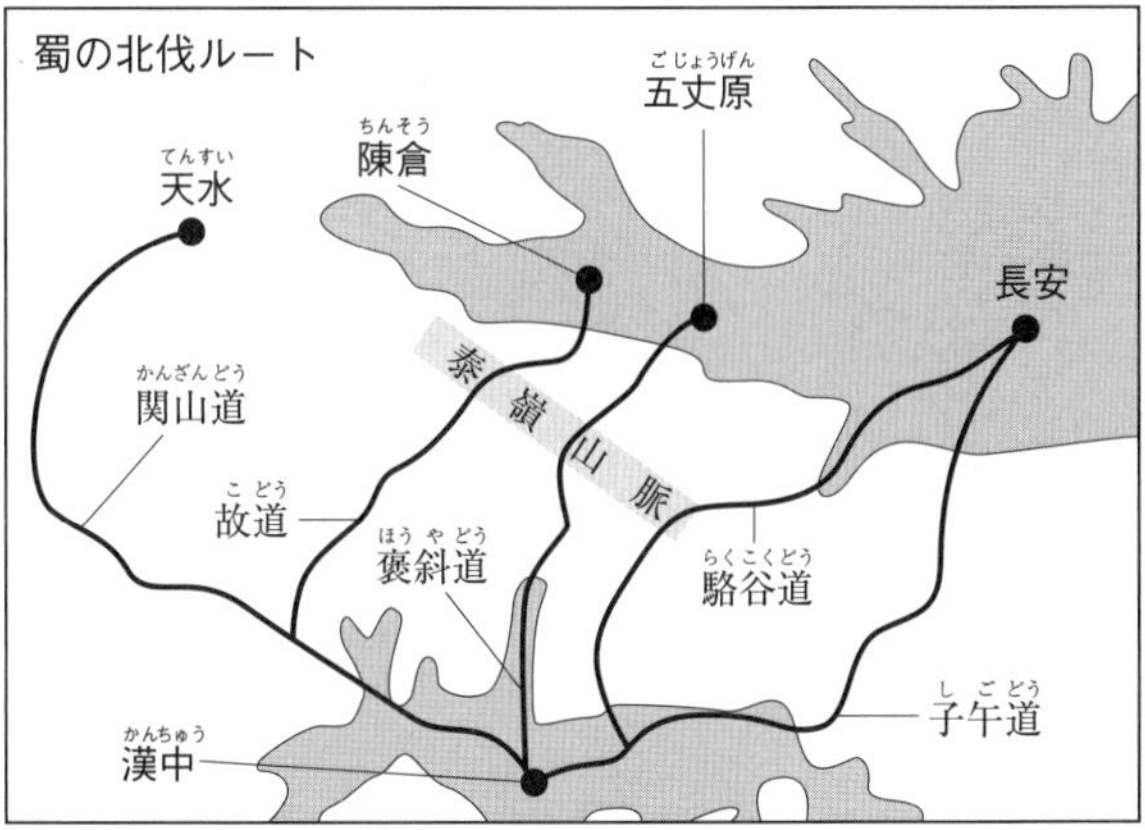

掌握すると、益州名士を自分の名士社会へ組み込み、蜀漢名士社会を形成していきます。荊州勢力にある程度有利な形で、益州名士を名士社会に組み込み、荊州出身者の優越を益州出身者を含めた蜀漢名士社会の自律的秩序として、益州出身者に認めさせた支配のあり方こそ、諸葛亮輔政期《ほせいき》の統治の特徴なのです。

ここでは、益州出身者は、蜀漢名士社会の位置づけに応じた官に就くことができる、という期待を抱きながら、荊州名士の優越を認めることになります。蜀漢は、こうした益州名士の支持が統治のかなめでした。

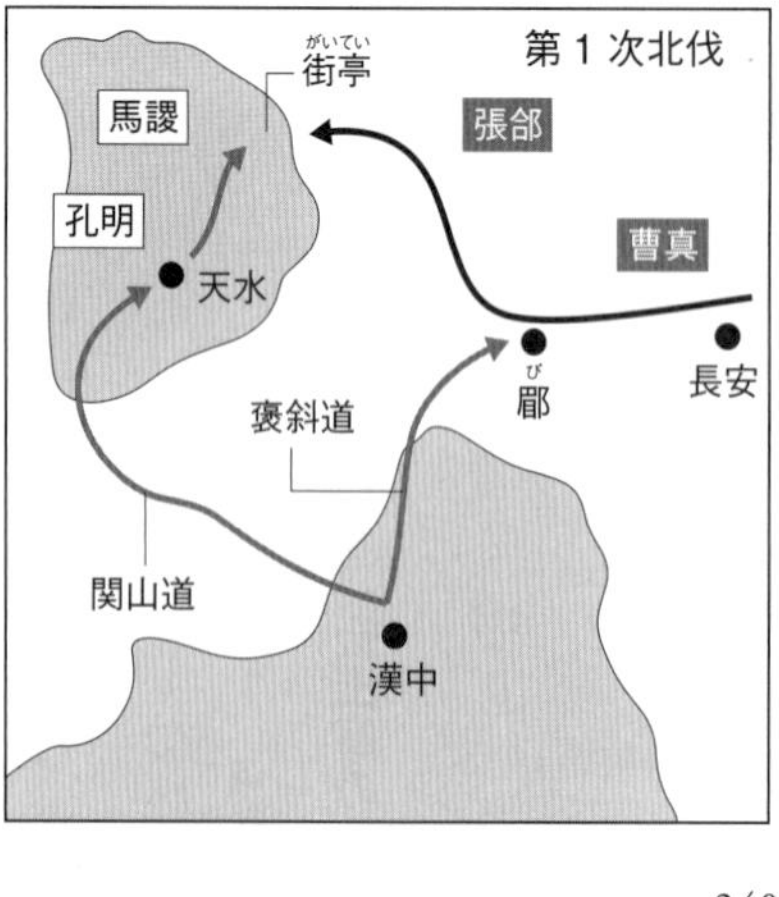


第一次北伐の敗戦原因は、諸葛亮による荊州名士・馬謖の抜擢にあります。馬謖の兄で「白眉」と称えられた馬良は、孫呉との夷陵の戦いで死去し、龐統も入蜀の際に戦死、徐庶《じょしょ》は劉備のもとを去って曹魏に仕えており、襄陽《じょうよう》で荊州学をともに修めた旧

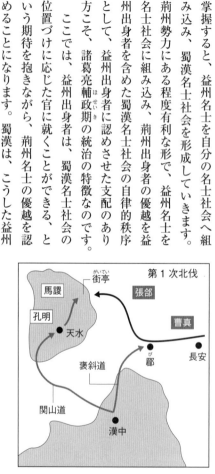

友は数少なくなっていました。長期戦化するであろう曹魏との戦い、四十八歳の諸葛亮は、自分の後継者となりうる若い才能に賭けたのです。

だからこそ諸葛亮は、「泣いて馬謖を斬」らざるをえませんでした。荊州名士の馬謖の失敗を諸葛亮が庇《かば》えば、益州出身者の支持の上に成り立っている蜀漢は瓦解《がかい》してしまいます。諸葛亮は馬謖を斬り、自らをも罰して丞相《じょうしょう》から右将軍《ゆうしょうぐん》へと退き、益州に敗戦を詫《わ》びます。

## 秋の五丈原に没す

建興《けんこう》六（二二八）年、第二次北伐に際して、諸葛亮が上奏したという「**後出師《こうすいし》の表《ひょう》**」の末尾は、次のように結ばれます。

臣鞠躬盡力《きくきゅうじんりょく》し、死して後已《や》まん。成敗利鈍《せいはいりどん》に至りては、臣の明の能《よ》く逆覩《げきと》する所に非ざるなり。

後出師の表は、陳寿の『諸葛氏集《しょかつししゅう》』と『三国志』には収録されず、孫呉の大鴻臚《だいこうろ》（外交などを担当する大臣）であった張儼《ちょうげん》の『黙記《もくき》』により伝わりました。さらに、表で言及される趙雲の死亡年が、正史の記述と異なることもあり、古来、偽作の疑いがかけられてきた文章です。

しかし、「鞠躬盡力し、死して後 已まん（つつしんで力を尽くし、死してのちやむ覚悟です）」との決意は、白帝城で受けた劉備の遺言への答えのなかにある、「之《これ》に繼《つ》ぐに死を以てせん（最後には命を捨てる所存です）」という表現に呼応し、先帝という言葉の使用頻度も、「出師の表」と同じように高くなっています。

さらに、兄の子である諸葛恪《しょかつかく》は、「近ごろ家の叔父（諸葛亮）の賊と戦うための表を読み、喟然《きぜん》として嘆息《たんそく》せずにはおれなかった」と述べています。呉の重臣という地位にありながら、曹魏との戦いを反対されていた諸葛恪が、「喟然として嘆息」する内容としては、「後出師の表」のほうがふさわしいのです。

これらを考えあわせると、「後出師の表」が諸葛亮の自作である蓋然性《がいぜんせい》は高く、それが兄の諸葛瑾《しょかつきん》などを経由して孫呉に伝わっていたことも不自然ではありません。

「鞠躬」は、身をかがめて敬い慎むことで、『論語《ろんご》』郷党篇《きょうとうとう》を典拠とし、「死して後已む」も、『論語』泰伯《たいはく》篇を典拠とします。後者は、曾子《そうし》（孔子の弟子、孝で有名）が仁を体得し実践していくことの任の重さと道の遠さを述べた有名な文章で、徳川家康の「人の一生は重き荷を負ひて遠き道を行くが如し。急ぐべからず」という遺訓の典拠にもなっています。その重き荷とは、曾子には仁であり、諸葛亮には北伐とその結果としての「聖漢」の「大一統」でした。

ただし、この文章は、それが「成功するか失敗するか、勝利を得るか敗北するかは、わたしの洞察力では予測することができるものではありません」と終わります。「草廬対」に見られた圧倒的な自信は影をひそめ、「出師の表」に見られる強い決意も全面的には展開されません。繰り返されるのは、高祖《こうそ》・劉邦《りゅうほう》（前漢の建国者）、曹操、関羽などの失敗例と、趙雲をはじめとする失った精鋭部隊への嘆きです。

五丈原で陣没する諸葛亮

陳寿が、この文章を『諸葛氏集』にも『三国志』にも収録しなかった理由は、全体に立ち込める悲壮感を嫌ったことにあるのでしょう。

それでも、諸葛亮の「聖漢」による「大一統」の志が、折れることはありませんでした。幾多の困難を掲げながらも、そして成功への確信が持てなくとも、それは死ぬまでその重任を担い続けねばならない理想でした。「聖漢」の滅亡期を生きた諸葛亮の運命と言い換えてよいでしょう。諸葛亮は、病に冒された身体に鞭打って、漢中を拠点に北伐を続けていきます。

しかし、勝機があったのは、第一次のみでした。第二次北伐は諸葛亮が陳倉《ちんそう》を攻撃しましたが、落とせませんでした。その間、諸葛亮を囮《おとり》に陳式《ちんしょく》は、武都《ぶと》・陰平《いんぺい》（ともに益州北境）の二郡を奪います。これを第三次北伐と呼びます。

第四次北伐は、司馬懿と主力軍同士で戦い、勝利をおさめましたが、兵糧が続かずに撤退し、第五次北伐は、五丈原で司馬懿《しばい》と対峙《たいじ》しましたが、諸葛亮が陣没して蜀軍は撤退します。

諸葛亮は、外交により孫呉の協力を引き出し、困難といわれる撤退を無傷で行い、兵糧補給の困難さを克服し、敗戦のあとも責任の所在を明らかにして士気を維持しました。その軍事的能力の高さを理解できるでしょう。与えられた条件のなか、最善を尽くした司令官でした。

五丈原（諸葛亮陣没の地）

諸葛亮を祀る武侯祠（成都）

## 忠義に裏打ちされた智

劉備の子である劉禅に君主の資質が皆無だったこともあり、諸葛亮の漢（季漢《きかん》）による天下統一という基本方針は、実現しませんでした。それでも、諸葛亮は高い評価を受け続け、演義では「智絶」と位置づけられています。評価の高い理由は、諸葛亮が復興を夢見た「漢」の規範としての重要性にあるのでしょう。

漢は、ローマ帝国とよく比較されます。ほぼ同時期に存在した同規模の古代帝国であるためだけではありません。「すべての道はローマに通ず」という言葉があるように、ヨーロッパの文化はすべてローマを源流とします。同様に、中国文化の原基もまた、漢で定まったのです。漢とローマは、それぞれ中国とヨーロッパの「古典」古代なのです。

したがって、漢の復興にすべてを賭けた諸葛亮は、中国の「古典」を守ろうとした者と位置づけられ、その評価が歴代きわめて高かったのです。規範としての「漢」の重要性の故に、漢の復興を目指した諸葛亮が評価されるのです。

北方民族に南に押し込められ、諸葛亮と同様に旧領奪回を国是とする南宋《なんそう》に生きた朱子は、「儒教の理想とする三代（夏《か》・殷《いん》・周《しゅう》）以来、義によって国を治めた唯一の人物である」と諸葛亮を絶賛しています。そして元《げん》の後期に朱子学が科挙《かきょ》（官僚登用試験）の基準となることにより、元末明初に原型ができた演義において、諸葛亮の評価は「智絶」に高められていくのです。

その「智」は、忠と義に裏打ちされたものでした。したがって、諸葛亮は、忠義の臣の代表とされ、出師の表を読んで泣かない者は忠臣ではないといわれたのです。

# 第10章　陳羣と司馬懿

——国制を「礼」により定めた名士

陳羣
新しい人材登用法「九品中正制度」の献策者

## 礼と国制

礼とは、本来、人の立ち振る舞いの規範ですが、古来、これは儀礼と共に発達してきました。冠昏喪祭《かんこんそうさい》など祭祀や宗教行事における慣行化された儀礼の手続きが、文章化されることで、『儀礼《ぎらい》』『礼記《らいき》』といった礼を規定する儒教経典を成立させました。やがて、祭祀や宗教行事の持つ規範精神は、他の場へと波及していきます。

こうして礼の規範性は、根底の場から拡大し、朝廷における政治的な儀礼や、国際関係に伴う外交上の儀礼などが、礼観念のなかで大きな比重を占めていきます。そうした流れのなかで、礼は国家制度そのものを規定するものとなっていったのです。『礼記』のなかに王制篇《おうせいへん》という、国家の組織や存立理念を語る篇を含む理由も、周の官僚制度を説明する『周礼《しゅらい》』（もともとの名は『周官《しゅうかん》』）が、鄭玄《じょうげん》によって「経礼《けいれい》」（中心的礼経典）と位置づけられ、「三礼《さんらい》」（『周礼』『儀礼』『礼記』）の頂点に据えられたのも、このためです。

礼学を集大成した鄭玄が、律に注をつけ、曹魏《そうぎ》では鄭玄の注釈に基づき律を解釈したように、本来、礼とは淵源を異にするはずの法は、こうした儒教の展開によって、西晋《せいしん》の泰始律令《たいしりつりょう》からは、その法源を儒教の礼に求めることになりました。その泰始律令の基本となった曹魏の新律十八篇《しんりつじゅうはちへん》を定める中心となり、また、孝を運営の根幹に置く**九品中正制度**《きゅうひんちゅうせいせいど》を献策した者が、荀彧《じゅんいく》の娘婿である陳羣《ちんぐん》です。

その陳羣の後継者である司馬懿《しばい》が九品中正制度を改変して州大中正《しゅうだいちゅうせい》の制を指向し、司馬懿の子・司馬昭《しばしょう》がそれに五等爵《ごとうしゃく》制度を組み合わせることによって、三国時代の名士《めいし》は、西晋《せいしん》の国家的身分制度である貴族制の構成員に再編されていくのです。

## 名士本流

曹操《そうそう》を嗣いだ曹丕《そうひ》が、後漢《ごかん》の献帝《けんてい》から禅譲《ぜんじょう》を受け、曹魏を建国した際、陳羣は、九品中正という名士に有利な制度を考案してその君主権力に対抗しました。孔融《こうゆう》・荀彧の殺害以降も曹操が続けた名士への圧迫に対する巻き返しと考えてよいでしょう。

陳羣の、そして荀彧の出身地でもある潁川郡《えいせん》（豫州《よしゅう》西部）は、戦国時代の韓にあたります。性悪説《せいあくせつ》に基づき礼を重視した儒家の荀子《じゅんし》に学び、法家を集大成した韓非子《かんぴし》を出した国です。礼と法との関係を深く考える地域性が残っていたと考えてよいでしょう。また、潁川郡は、後漢末に名士を多く輩出した地域でもありました。

なかでも陳氏は、荀氏・鍾氏《しょう》とならんで、潁川郡の名士を代表する一族でした。その直系である陳羣は、生まれながらの名士でした。幼少のころ、高名な祖父・陳寔《ちんしょく》に、「この子は、我が一族を興隆させるだろう」と予言され、また孔子の二十世孫の孔融からも将来を嘱望されて、つとに名士間に高い評価を得ていたのです。長じてからは、潁川名士を代表する荀彧の娘を娶《めと》り、自他ともに認める潁川名士の代表に成長していったのです。

名士本流の陳羣が、最初に仕えた相手は意外にも、名士とかかわりが薄かった劉備《りゅうび》でした。陳羣は、当時豫州刺史《しし》であった劉備の辟召《へきしょう》を受け、別駕従事《べつがじゅうじ》（刺史の部下の筆頭）となったのです。

やがて劉備は、陶謙《とうけん》の死に際して徐州牧《じょしゅうぼく》を譲られます。これを受けようとする劉備に対して、陳羣は状況を分析し、「袁術《えんじゅつ》はなお強力なので、いま将軍が徐州牧となれば、必ず袁術と争うはずです。そのとき、もし呂布《りよふ》が将軍を背後から攻撃すれば、徐州牧になったとしても、徐州を維持できないでしょう」と反対しました。

しかし、劉備は、陳羣の献策を聞きません。陳羣は、徐州牧となった劉備には随従せず、劉備は予言どおり徐州を失います。劉備は、やがて名士を渇望して、諸葛亮《しよかつりよう》を得、その献策に全面的に従います。劉備のこうした名士への態度は、陳羣との関係のなかから、名士の情報や状況分析の正確さを思い知らされたことを遠因としていると考えてよいでしょう。

劉備は、人心の掌握に巧みで、多くの者が喜んで随従したといいます。しかし、名士本流の陳羣は、随従しませんでした。社会の指導者である名士層は、民とは行動の規範が異なります。名士は、自己の抱負や政策の実現性により、君主を主体的に選択していったと考えることができるのです。

## 公明正大

劉備に続いて、陳羣を辟召したのは曹操でした。曹操は、名士の本流である陳羣の使い方を心得ていました。曹操は、荀彧の推薦とはいえ、部下にしたての陳羣を、司《し》空西曹掾属《くうせいそうえんぞく》としたのです。当時、司空にあったのは他ならぬ曹操であり、その属官である西曹掾属は、曹操の司空府の人事を担当する官職でした。

人物評価を行い、全国的な名声を有する名士・陳羣は、人材を集め、適材適所の配置をすべき曹操集団の人事担当者として、才能を充分に発揮します。ただし、陳羣の人事が、名士としての陳羣の価値基準に従って行われ、時には曹操の意向と対立したことにも、注目しなければなりません。

あるとき、王模《おうぼ》と周逵《しゅうき》という者を推薦する者があり、曹操はこれを辟召しました。陳羣は、ふたりを「穢徳《わいとく》」（徳を汚すもの）と評し、重用すれば必ず失敗すると曹操に進言しましたが、曹操は聞きませんでした。のちに、両者はともに罪を犯し、曹操は陳羣に自己の登用を謝したといいます。

人事の最終的な権限は、君主の専権事項であり、人事担当者でもこれに介入することはできません。しかし、宦官《かんがん》によって起こされた党錮《とうこ》の禁《きん》を契機に形成された名士層の人物評価は、本来的に官僚となる資質を評価しあうものでした。必然的に名士層は、自己の有する自律的秩序に基づいて人事を行うことを目指します。ここに名士層と君主権との対立の萌芽が存在するのです。

このの後ち陳羣は、父の喪によって一時的に官を辞し、復帰してからは御史中丞《ぎょしちゅうじょう》などの監察系統の官職に就きました。監察官のときには、曹操の寵愛《ちょうあい》する軍師・郭嘉《かくか》の礼に違反する行為を何回も弾劾《だんがい》し、その誠実さを高く評価されました。陳羣は、「礼」に厳しく、だらしない郭嘉を許さなかったのです。

その間、曹魏政権の人事を担当した者は、名士・崔琰《さいえん》でした。崔琰は、東曹掾《とうそうえん》・西曹掾として人事を行い、その人物評価に基づく人事は、名士間に定評がありました。しかし、崔琰は、曹操の魏王

漢の最後の都となった許（遠景は献帝が天を祀った台）

就任に詔った楊訓を批判したことを契機に曹操により殺され、また、崔琰とともに人事を担当していた名士の毛玠《もうかい》も免官されます。こうした曹操の行為には、名士の自律的秩序に対する切り崩しを見ることができます。

社会的権威を持つ名士の協力がなければ政権を保持できず、そうかといって、名士の自律的秩序をすべて容認してしまえば、君主権の弱体化を招きます。名士と君主とは、こうした矛盾した関係でした。

矛盾から生じる対立関係は、国内の政治状況が不安定なときほど、先鋭化していきます。曹魏の場合には、それが曹丕・曹植《そうち》の対立と**漢魏革命**でした。

曹丕・曹植の後継争いでは、文学を愛好する曹植にも多くの名士が好意を寄せ、名士層の分裂を招きます。荀彧の長子・荀惲《じゅんうん》なども、曹植の文学グループに加わったため、曹丕の恨みをかっています。漢魏革命はさらに深刻で、曹操の勢力伸張に対して、漢の護持を目指す多くの名士が抵抗し、殺されていきました。幼い日の陳羣を高く評価した孔融も、妻の父である荀彧も、曹操の漢簒奪《さんだつ》に抵抗して、死を選びました。

荀彧無きあとの名士層を代表する陳羣は、当惑したでしょう。それでも、曹丕・曹植の後継争いでは、儒教の嫡長子相続という経義《けいぎ》に基づいて、一貫して曹丕を支持しました。

そして曹丕が即位すると、尚書《しょうしょ》となり、九品中正制度を即位直後の文帝に受け入れさせたのです。

## 九品中正制度の価値基準

九品中正制度は、郡ごとに置かれた中正官（人事を担当する官）が、任官希望者に一品から九品までの**郷品**《きょうひん》をつけ、それぞれの郷品から原則として四品下がった官品《かんぴん》の官職から、官僚としての経歴を開始し、順調にいけば、それぞれの郷品と同じ官品の官職まで出世できる、という名士の人物評価を国家の官僚登用に反映させた制度です。

たとえば、郷品二品の者は、官品六品の起家官に就き、二品官まで出世します。官僚の地位は郷品に規定されるため、郷品を定める中正官が強い権限を持ちます。その就官者は、人物評価を掌握してきた名士層が中心でした。

また、一度与えられた郷品が下げられるときは不孝が理由とされたように、九品中正制度の価値基準の根底には、孝が置かれていました。たとえば、『三国志《さんごくし》』を著した陳寿《ちんじゅ》は、服喪中に薬を飲んだため、郷品を下げられています。儒教の経義によれば、服喪中に体調が悪化しても、それは孝の現れとして薬を飲んではならないためです。かつて曹操が批判した後漢「儒教国家」の孝廉科《こうれん》（後漢の登用制度のひとつ）においても、儒教理念の根本としての孝が重視されていました。儒教的価値基準を打倒しようとした曹操の唯才《ゆいさい》主義は、ここに打破されたと考えてよいでしょう。

そもそも九品中正制度が人を九「品」に分類するのは、その根本に儒教の「性」説が置かれているためです。性とは、人間に生得的に具わる自然の性質であり、孟子《もうし》はそれを善（性善説《せいぜんせつ》）、荀子《じゅんし》はそれを悪（性悪説）と考えました。

前漢《ぜんかん》の儒者集団たる董仲舒《とうちゅうじょ》学派は、人間の性を上・中・下の三種類に分ける「性《せい》三品説《さんぴん》」を唱えます。上（聖人）と下（小人）の性は変わることはなく、ただ中人の性だけが、教えの有無により善にも悪にもなるというものです。このため、天は王（皇帝）を立てて中人を教化させる、としたのです。

後漢末において、性三品説を受け継いでいた荀悦《じゅんえつ》（荀彧の従兄）と陳羣とは、ともに肉刑《にくけい》（肉体を損なわせる刑。前漢に廃止された）復活を主張するなど、学問的に密接な繋《つな》がりを持っています。陳羣は荀悦の性三品説の影響のもと、人の徳性により生

## 魏の九品中正制度

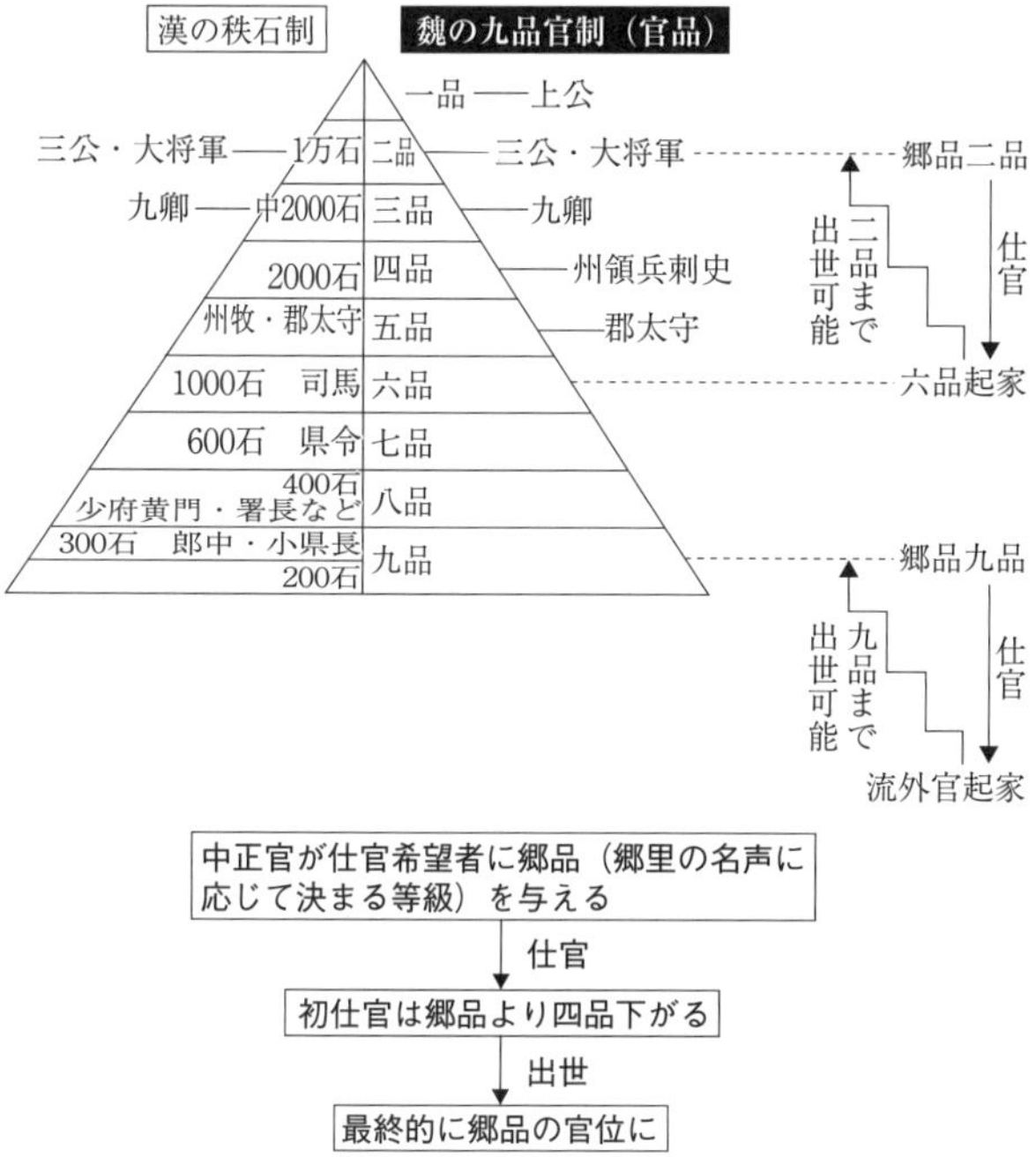
漢の秩石制
魏の九品官制（官品）
一品──上公
三公・大将軍──1万石 二品──三公・大将軍
九卿──中2000石 三品──九卿
2000石 四品──州領兵刺史
州牧・郡太守 五品──郡太守
1000石 司馬 六品
600石 県令 七品
400石 少府黄門・署長など 八品
300石 郎中・小県長 200石 九品
郷品二品
仕官
二品まで出世可能
六品起家
郷品九品
仕官
九品まで出世可能
流外官起家
中正官が仕官希望者に郷品（郷里の名声に応じて決まる等級）を与える
仕官
初仕官は郷品より四品下がる
出世
最終的に郷品の官位に

じた名声によって官僚就官希望者を九品に分けて郷品を与える制度を提案したと考えてよいでしょう。

「礼」とは差等であり、一面において人を差別化するものです。陳羣の「礼」は、西晉より始まる国家的身分制度である貴族性の基本となったのです。

# 司馬懿

## 曹氏四代に仕え、忠実な臣下を演じた野心家

### 既得権を守る

司馬懿《しばい》は、荀彧《じゅんいく》の推挙を受け曹操《そうそう》に仕えましたが、重用されることはありませんでした。曹操に警戒されていたと考えてよいでしょう。しかしその後、曹丕《そうひ》の即位に協力した司馬懿は、陳羣《ちんぐん》・呉質《ごしつ》・朱鑠《しゅしゃく》とともに「四友《しゆう》」と呼ばれます。

陳羣が卒《しゅっ》し、名士《めいし》の中心となった司馬懿は、軍事権を掌握していきます。明帝《めいてい》期に、督荊豫二州諸軍事《とくけいよにしゅうしょぐんじ》を加えられて方面軍司令官となると、諸葛亮《しょかつりょう》に呼応して反乱を起こした孟達《もうたつ》（元蜀の武将）を斬りました。

諸葛亮が、北伐《ほくばつ》を開始して天水郡《てんすいぐん》に侵入すると、曹真《そうしん》（曹操世代没後における宗室の中心的司令官）の後任となり、諸葛亮との戦いを統括しました。曹操のときには、曹氏および宗室に準ずる夏侯氏《かこうし》がほぼ独占していた軍事権が、ここで名士に渡ったのです。それとともに、曹氏の君主権力も衰退し始めます。

明帝より、ともに後事を託された曹爽《そうそう》（曹真の子）を正始《せいし》の政変で打倒した司馬懿は、九品中正制にも増して名士に有利な人事を行いやすくなる**州大中正《しゅうだいちゅうせい》の制**を提唱して、名士の支持を集めます。

さらに曹魏の民屯《みんとん》を象徴する許昌《きょしょう》（許都）の屯田《とんでん》を廃止して、淮北《わいほく》・淮南《わいなん》の軍屯《ぐんとん》を充実させ、淮水《わいすい》流域に経済的・軍事的基盤を持ちました。のちに寿春《じゅしゅん》で起こる毌丘《かんきゅう》倹《けん》（かつて司馬懿に従って遼東方面で活躍）や諸葛誕《しょかつたん》（諸葛亮の一族。魏に仕えていた）の司馬氏への抵抗を平定できたのは、この整備によります。

こうして司馬懿は、名士を糾合した政治的基盤、諸葛亮との戦いで掌握した軍事的基盤に加えて、経済的な基盤を手に入れたのです。

## 貴族制の創出

州大中正の制は、司馬懿が名士の既得権を維持するため、曹氏の皇帝権力に対抗する手段として提唱しました。そのため、司馬氏を唯一無二の公権力として、数多《あまた》の私権力の上に屹立《きつりつ》させることはありませんでした。司馬昭《しばしょう》の子・司馬炎《しばえん》が鄭黙《ていもく》という名

## 司馬氏系図

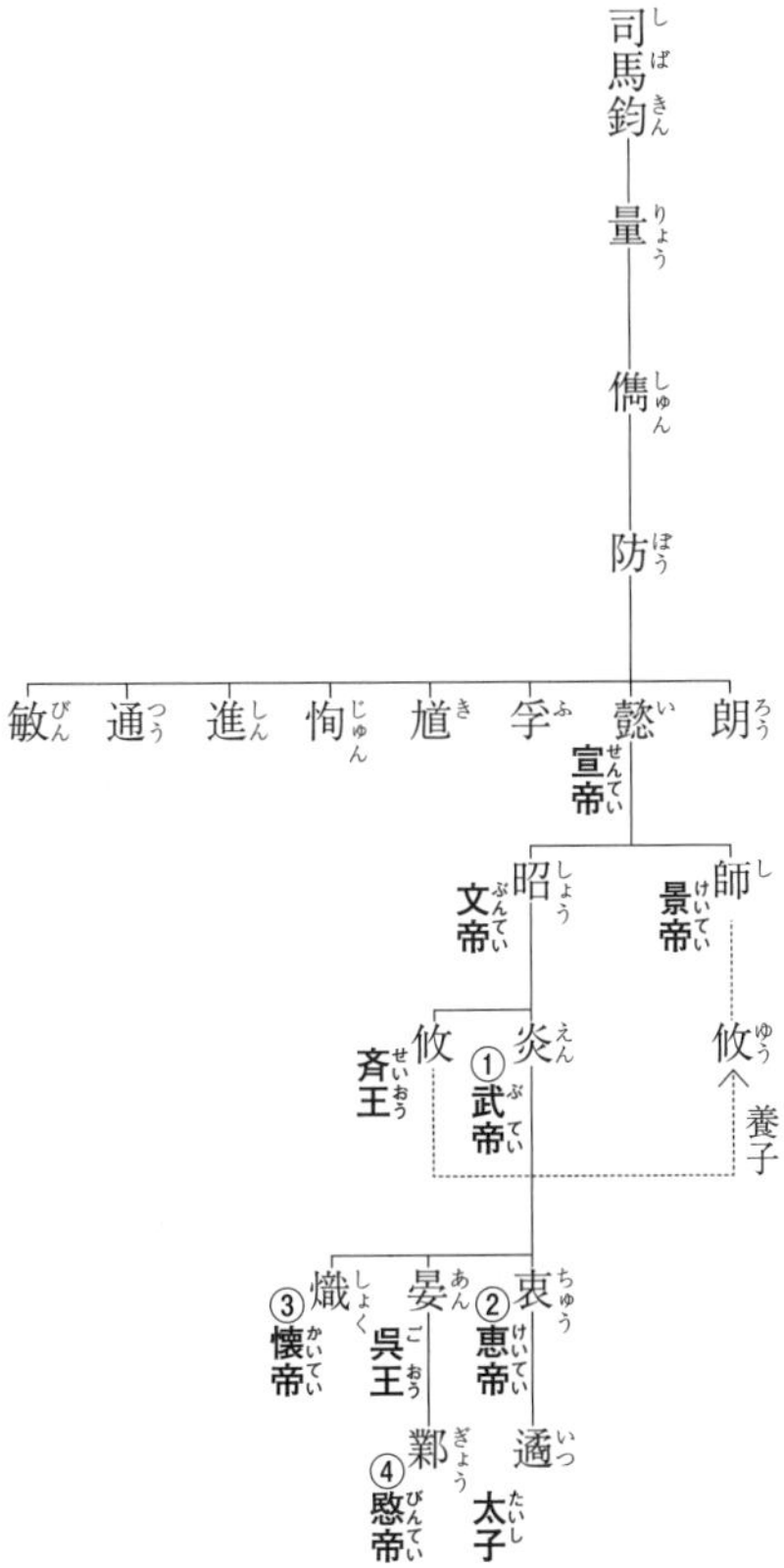

司馬鈞《しばきん》
量《りょう》
儁《しゅん》
防《ぼう》
敏《びん》
通《つう》
進《しん》
恂《じゅん》
馗《き》
孚《ふ》
懿《い》
宣帝《せんてい》
朗《ろう》
昭《しょう》
文帝《ぶんてい》
師《し》
景帝《けいてい》
攸
斉王《せいおう》
炎《えん》
①武帝《ぶてい》
攸《ゆう》
養子
熾《しょく》
③懐帝《かいてい》
晏《あん》
呉王《ごおう》
衷《ちゅう》
②恵帝《けいてい》
鄴《ぎょう》
④愍帝《びんてい》
遹《いつ》
太子《たいし》

士と同じ郷品を与えられたように、逆に司馬氏を名士のなかの第一人者に止める足枷《あしかせ》となっていったのです。

そこで、司馬昭は、蜀漢《しょくかん》の平定を契機に、**五等爵制**《ごとうしゃくせい》を施行します。『礼記《らいき》』王制篇《おうせいへん》を典拠とする公《こう》―侯《こう》―伯《はく》―子《し》―男《だん》という階層制を持つ五等爵の賜与《しよ》を通じて、爵制的な秩序により貴族と君主権力との緊密性を表現し、貴族を国家的身分制のなかに序列化したのです。

これと同時に五等爵を持つ貴族は、州大中正の制において、郷品《きょうひん》一品（公）もしくは二品（侯より以下）を得るという資格も与えられました。古代中国において、官職の世襲はなされませんでしたが、爵位は世襲されるものです。登用制度が爵位と結合したことにより、貴族は、世襲的に高官に就く資格を担保されました。こうして司馬氏に近い名士は、貴族としての身分を国家から制度として保証されたのです。

また、五等爵の賜与により国家的身分制としての貴族制を形成したことを明確にするため、昭の子・司馬炎は、西晋《せいしん》の建国とともに、五等爵とは別に、庶民のために民《みん》爵《しゃく》を賜与します。士庶《ししょ》区別を爵制的に表現したのです。

このことは同時に、西晋のすべての士庶が五等爵（士）と民爵（庶）を持つなかで、

## 晉代の爵位制度

|  |  |
| --- | --- |
| 天子<br>諸侯王 | 皇族（司馬氏）のみ |
| **公**<br>**侯**<br>**伯**<br>**子**<br>**男** | **五等爵** |
| 列侯<br>関内侯<br>⋮<br>五大夫 | **官爵**（士大夫に賜与） |
| 公乗<br>⋮<br>公士 | **民爵**（民に賜与） |

古代中国の爵位制度は、西欧や近代日本のように特権階級にのみ与えるものではなく、全民を対象とする身分制度であった。国家は爵位を与えることで、一定の序列のもと民を支配するのである。晉代の爵制は、上図の通りおよそ20あまりの階級で構成された。

五等爵よりも上位である王、そして天子となりうる司馬氏が、凡百の他姓とは異なる唯一無二の公権力であることを示すものでした。こうして司馬炎は、「礼」的秩序に基づき貴族制を確立すると共に、皇帝としての地位の絶対性を宣言したのです。

三国時代の名士を貴族制の礼的秩序のなかに位置づけた司馬炎は、孫呉《そんご》を滅ぼして、太康元（二八〇）年、三国を統一するのです。

## 果敢な曹操、規範となった諸葛亮

このように「三国志」の英雄たちを見ていきますと、曹操の果敢さがよくわかります。曹操は、四百年以上も続いた漢とそれを支えた儒教に挑戦したのです。

その結果、子の曹丕がつくった魏は、司馬炎に滅ぼされ、三国を統一したのも司馬炎でした。しかし、西晋が成しとげた短期間の統一のあとに続く分裂時代を統一した隋唐《ずいとう》帝国が継承したものは、屯田制や田制・税制など曹操が創設した国家制度でした。そうした意味で、曹操がいなければ、三国志ばかりか中国史が変わってしまうほど、重要な役割を果たした人物なのです。

しかし、その後の中国の規範となった者は、諸葛亮でした。劉備、そして劉禅に忠を尽くしていく諸葛亮の生涯は、朱子を筆頭に歴代の知識人の尊敬を集め、自らの生の規範として諸葛亮を仰ぐ者を多く生みました。

さらに、関羽《かんう》は信仰の対象に高められ、関帝として今なお多くの中国人の信仰を集めています。『三国志演義《さんごくしえんぎ》』の完成版となった毛宗崗《もうそうこう》本が、曹操・諸葛亮・関羽の三人を主役にして「三国志」を描いたことは、まことに理にかなったことなのです。

# 参考文献

## 一般書


・立間祥介『三国志演義』（平凡社、一九五八年、改訂新版は徳間文庫、二〇〇六年）
『三国志演義』の全訳。文庫本になって入手しやすくなった。
・今鷹真・井波律子・小南一郎『正史 三国志』（筑摩書房、一九七七～八九年、ちくま学芸文庫、一九九二～九三年）
『三国志』の全訳。裴注まで訳されている。
・金文京『三国志演義の世界』（東方書店、一九九三年、増補版は二〇一〇年）
『三国志演義』の基本的知識を丁寧に説明した良書。
・渡邉義浩・仙石知子『「三国志」の女性たち』（山川出版社、二〇一〇年）
『演義』の女性像に焦点を当て、毛宗崗本の文学性を明らかにしたもの。
・渡邉義浩『儒教と中国――「二千年の正統思想」の起源』（講談社、二〇一〇年）
三国時代における儒教のあり方を後漢・西晉を含めて論じたもの。
・石井仁『曹操 魏の武帝』（新人物往来社、二〇〇〇年、新人物文庫、二〇一〇年）
史実の曹操を独創的に描き出す名著。文庫本の表題は、『魏の武帝 曹操』。
・渡邉義浩『三国志 英雄たちと文学』（人文書院、二〇一五年）
曹操の始めた建安文学について論じたもの。

・加賀栄治『中国古典解釈史 魏晉篇』（勁草書房、一九六四年）
・堀池信夫『漢魏思想史研究』（明治書院、一九八八年）
・渡邉義浩『三国政権の構造と「名士」』（汲古書院、二〇〇四年）
・渡邉義浩『後漢における「儒教国家」の成立』（汲古書院、二〇〇九年）
・渡邉義浩『西晉「儒教国家」と貴族制』（汲古書院、二〇一〇年）
・渡邉義浩『「古典中国」における文学と儒教』（汲古書院、二〇一五年）
・渡邉義浩『三国志研究入門』（日外アソシエーツ、二〇〇七年）
研究書の内容、そのほか掲げきれなかった論文については、この本を参照されたい。

**渡邊義浩**（わたなべ・よしひろ）

1962年、東京都生まれ。早稲田大学文学学術院教授、三国志学会事務局長。筑波大学大学院博士課程歴史・人類学研究科修了。文学博士。専門は中国古代史。

著書に『三国志 演義から正史、そして史実へ』『魏志倭人伝の謎を解く 三国志から見る邪馬台国』『漢帝国 400年の興亡』『始皇帝 中華統一の思想』など著書、監修書多数。また、新潮文庫版の吉川英治『三国志』において、全巻の監修を担当した。

本作品は小社より二〇一六年一月に刊行された『一冊でまるごとわかる三国志』を改題し、再編集したものです。

だいわ文庫

入門《にゅうもん》 こんなに面白《おもしろ》かった三国志《さんごくし》
正史《せいし》と演義《えんぎ》、史実《しじつ》の英雄《えいゆう》たち

著者 渡邊義浩《わたなべよしひろ》



二〇一九年一一月一五日第一刷発行

発行者 佐藤 靖
発行所 大和《だいわ》書房
東京都文京区関口一−三三−四 〒一一二−〇〇一四
電話 〇三−三二〇三−四五一一

フォーマットデザイン 鈴木成一デザイン室
本文デザイン 菊地達也事務所
本文図版 朝日メディアインターナショナル
本文印刷 歩プロセス
カバー印刷 山一印刷
製本 ナショナル製本

ISBN978-4-479-30791-4
乱丁本・落丁本はお取り替えいたします。
http://www.daiwashobo.co.jp